競技の達人的パラドックス

KYOGI NO TATSUJIN

月井　新

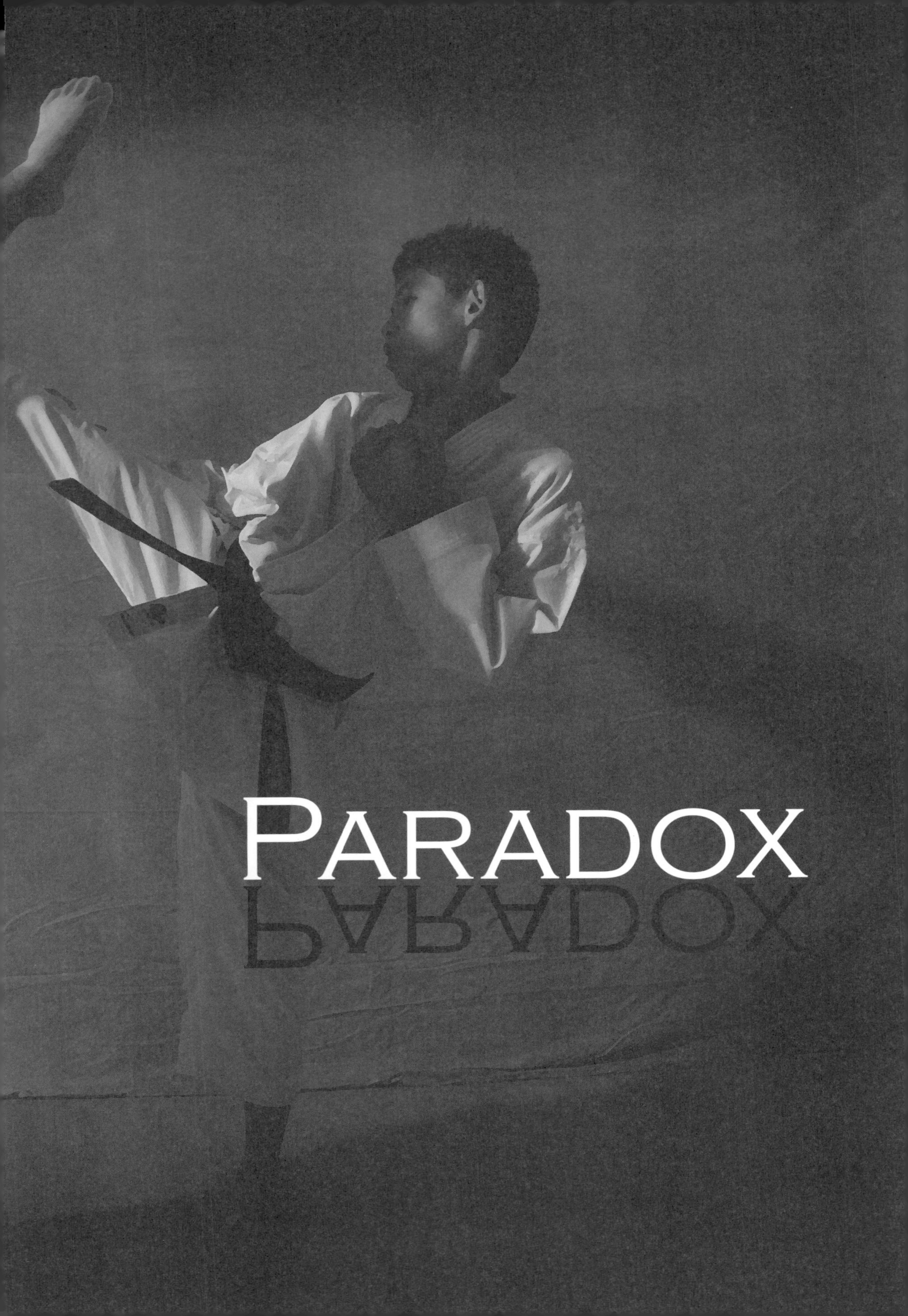
PARADOX

パラドックス

逆説。一見、真理にそむいているように
見えて、実は真理を言い表している表現。

まえがき

INTRODUCTION

このたび、身の程知らずを承知で本を書きました。この10年間、空手雑誌「JKFan」に記事を書き続け、それがご縁で多くの見識者の先生方と知り合いになり、時に技をご教授いただき、時には朝方まで議論を交わし、それらの経験を踏まえまとめたのが本書です。

本を通じてのテーマは「パラドックス」（逆説）です。すべての技を、対角的局面から考察することに終始しています。これまでのやり方で壁にぶつかった時、まったく異なる方向からアプローチを試みると、あっけないくらい簡単に答えを見出すことがあります。

また、空手に関することだからといって堅苦しくならず、気楽に読めるように作りました。この中に書かれていることはいわゆる「極意」ではありません。極意とは実戦に使えて初めて極意たるものです。あくまでも物事の原理・原則を踏まえた「こつ」あるいは「ヒント」程度にとらえてください。

実は、私の今の考え方の根底にあるのは、空手ではありません。高校の時にやっていた野球と、大学の時にやっていたボクシングです。他分野で学んできたことを土台として、その後空手で学んだことが積み重ねられ、月井流の空手になったと思っています。

野球では「相手を読む」ことを教わりました。ストレートだけで三振を取る方法。打つ方ではノーヒットで1点を取る方法等、徹底的に頭を使うことを指導された経験が今に活かされています。ボクシングでは、いくら速くて強いパンチでも、当たらなければ効果はゼロだということを痛感しました。そこで、こつは2つしかないとわかったのです。その2つとは、相手に反応させないか、相手に反応させてそれを外すかです。戦いのこつはこれだけです。

また、効くパンチと効かないパンチは決して感覚的な筋力ではないということ。つまり、力を入れていると思っていても、実は大して効かない時もあれば、何気なく出したパンチで相手が倒れることもある。野球のジャストミートも、ボクシングのノックアウトパンチも、そしてゴルフのドライバーショットも、すべて会心の一撃は力が「抜ける」ことを手の感覚を通じて学びました。ガツンと手に強い感覚のある時は、ダメな時です。

一見、空手の極(き)めとは正反対の考えに見えますが、実は共通していることが空手の面白さだと思います。打ち抜かなくても力が抜ける。いや、抜けると言うと誤解を生みますね。力が浸透するという言い方が正しいかも。なんて考え続けて行くうちにまた新たな発見がある。それが空手の魅力だと思います。

単に楽しむだけならば、野球やサッカー等の球技の方が面白いと思います。練習そのものが面白いですから。私も大学空手部の練習は大嫌いでした。練習はきついだけで面白くないし、殴られたら痛いし、先輩は怖いし、おまけに空手着は臭いし。

でも、この歳になってわかったことですが、空手は自分の身体を使って実験し発見がある。いくつになっても発見の連続なのです。私は、主に小中学生の指導を中心に全国でセミナーを行なっています。自分の身体を通して新たな発見をする。この喜びを小さな子どものうちに知ってほしいと思っています。たった一言のアドバイスで見違えるような動きになる子がいる。一方、いくら本人が頑張っても、指導者がアドバイスをしても結果が出ないこともあります。

そんな時に、この本がほんの少しでも良いから役に立てればうれしいと思います。どうか気楽に、くつろぎながら読み進めてください。

もくじ

CONTENTS

序章　すべては姿勢と着眼

FOREWORD　Posture & Eyes

① 気か力学か？

空手をやっていると、人体って不思議だなと思うことがあります。僅（わず）か数ミリの違いで力が驚くほど強くなったり、反応が早くなったりします。それを発見した時の驚きと喜びが、私を今まで空手にのめり込ませてきた理由です。

やってみると、確かに驚くほど力が出る身体操作があります。しかし、その理由が世間で言われている「気」というものなのか、それともそんなものとは全く関係がないのか、私にはわかりません。ただ、「確かにそうすれば強くなる」ということだけが、動かしがたい事実なのです。

PARADOX 001

気を付けは、指を曲げる

まずは、気を付けをする時の注意点から述べてみましょう。気を付けは、何でもかんでも身体をピンと張れば良いというものではありません。かえって、過度の緊張を伴ってしまうと、武道的にはＮＧとなります。

私は、生徒たちが気を付けをした時、まず手の指に注目します。指がちゃんと曲がっているかどうかを見るためです。ここで、みなさんは「あれっ？」と思われたでしょうね。なんで気を付けの時に指が曲がっているかどうかを見るのかと。通常であれば、指はピンと伸びていなければならないはずです。でも、指が伸びていてはいけないのです。

ここで、もったいぶらずに答えを言いましょう。伸びていなければいけない指は、親指以外の４本であり、親指は曲げて手に付けていなければダメなのです。だから、曲がっているかどうかを見ているのは、親指のことだったのです。正確に言うと、曲がっているかどうかではなく、張っているかどうかです。親指付け根部分の拇指球《ぼしきゅう》を張るのです。

「な〜んだ。そんなこと言われなくてもわかっているよ」と親指のことをバカにしていませんか。実は、この親指の状態で、力は大きく増減するのです。

試しに肩幅で立って腕相撲をやってみてください。まず、相互間の力関係を確認するために、何もせずに行ないます（**写真1**）。次に負けた方（引き分けの場合はどちらでも良い）

が、相手と組んでいない方の手の親指をしっかりと曲げて拇指球を張り、もう一度腕相撲をやってみてください（**写真2**）。

あくまでも拇指球を張ることが重要ですから、親指を掌の前に持ってきてはいけません（**写真3**）。必ず、掌の横に付けてください（**写真4**）。すると、さっき負けた人が今度は勝つか、最低でも引き分けくらいに持って行けると思います。

形の試合でも、強い選手は必ず親指が曲がっています。親指に張りのない選手は、姿勢も悪く、コートに入ってきた時から「こりゃ、ダメだ！」と審判に思わせてしまいます。

普段の生活から、指先に意識を送る練習をしていると、このようなことがたくさんわかってきて面白いですよ。

写真1　肩幅で立って腕相撲をする

a

b

足を肩幅に開いて立ち、まずはいつも通り腕相撲をする。

写真3

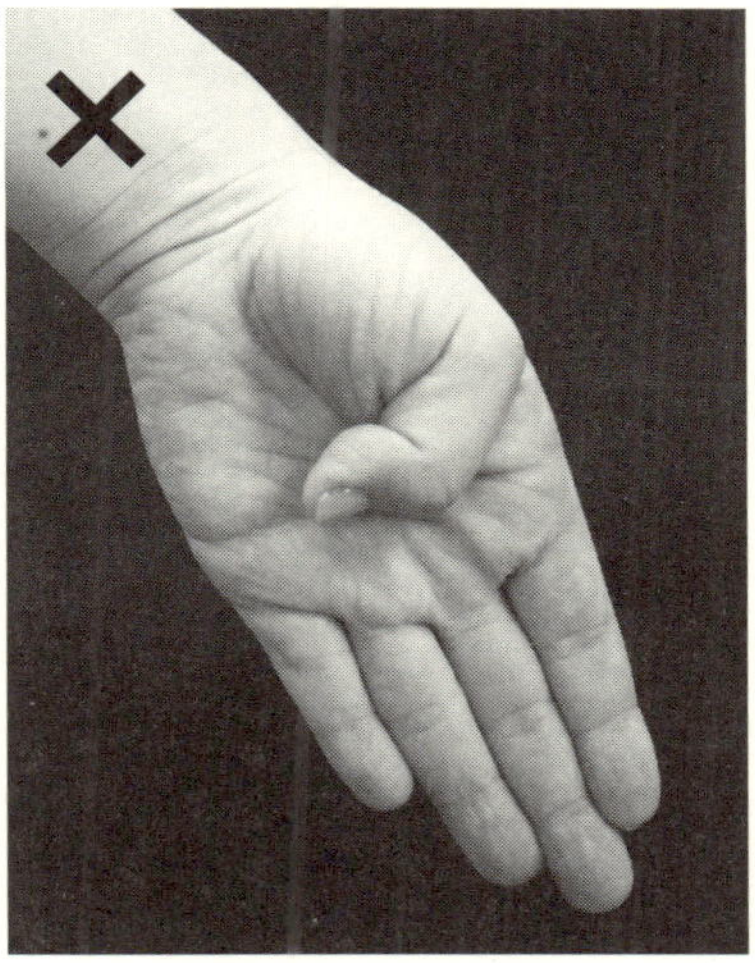

親指を掌の前に持ってきてはいけない。

写真2　親指を張る

写真1で負けた方が、相手と組んでいない手の親指を写真4のように張る。再び腕相撲をしてみると、親指を意識しない時よりも強くなっているはずだ。

写真4

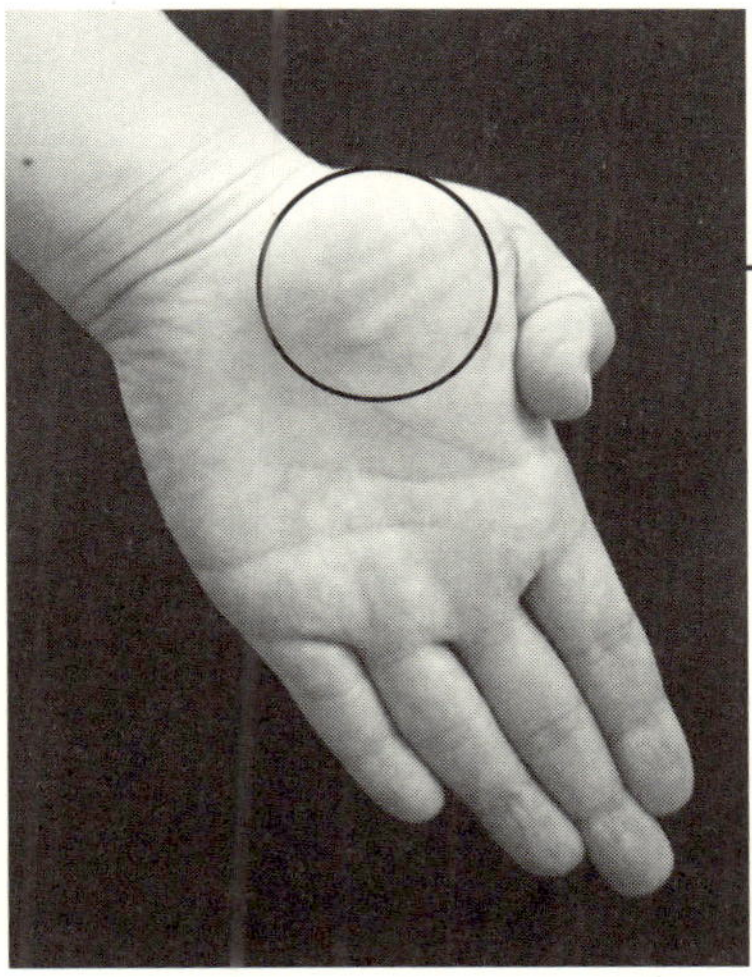

親指は掌の横につけて、拇指球（◯の部分）を張る。

PARADOX 002

力は、筋肉ではなく手を重ねるだけ！

那覇手系の空手は、通常、呼吸と共に平行立ちを取ります。この平行立ちにも秘密があるのです。まず、16ページの**写真5**と**写真6**を見てください。どちらが正しいと思いますか。両手の指を重ねるのか、掌を重ねるのか。この違いだけで力は大きく異なります。

これを確かめるために、平行立ちを取った後に腕相撲をしてみてください。最初は、指を重ねて平行立ちを取り、立ち方を変えずに腕相撲を。次に掌を重ねて平行立ちを取り、同様に行なってみましょう。そして、どちらの平行立ちにおいても、前項で述べたように親指はしっかりと曲げておいてください。明らかに、後者の方が腕に力が入ったのではないでしょうか。

立ち方の広さや呼吸がすべて同じでも、手の重ね方が違うだけで歴然とした力の差を実感できると思います。

すべての動きは単に形だけをなぞるのではなく、このように「こつ」が存在しています。それを知っているかいないかで、やがて実力に雲泥の差がつくでしょうから、細心の注意が必要です。

PARADOX 003

伸ばそうと思わなければ伸びる

たしか、合気道だったと思いますが、「曲がらない腕」というものがあります。助手が数人がかりで師範の腕を曲げようとしますが、どんなに曲げようとして力いっぱいやっても、師範は涼しい顔をして腕は曲がらない。そんなデモンストレーションを何かの動画で見た覚えがあります。

それを見た時に、「これなら私にもできる」と思い、やってみたところ、簡単にできました。しかし、問題はそれをどのように他人に伝えるかという点でした。意識の持ち方で簡単にできるが、みんながそれをできるようにするにはどうしたら良いかという点で一時悩みましたが、その悩みもほどなく解決しました。

やり方を説明します。まず腕を少し曲げた状態で前方に出します（**写真7**）。次に、2～3名に自分の肘と手首のあたりを持ってもらいます（**写真8**）。そして、肘を下に押しながら、腕を手前方向に全力で曲げてもらってください。

押される側は、相手が押してきた時に押し返そうとすると、途端に負けてしまいます（**写真9**）。ところが、薬指の第二関節を張るだけで、何人がどんなに力いっぱい押してきても、腕はまったく曲がらなくなります（**写真10**）。

これを「気」だと言う人がいます。私はそれを否定しませんが、ある程度のレベルであれば、気という単語を持ち出さなくても説明はできてしまいます。試しに、前述のことを、今度は上腕二頭筋に触れてやってみてください。

力で押し返そうとすると、上腕二頭筋が硬くなるのがわかるでしょうか。本来、上腕二頭筋は腕を曲げる筋肉であり、そこが硬くなるということは、無意識のうちに自分で腕を曲げてしまっていることになります。

薬指の第二関節を張っていれば、相手が腕を曲げようとしても、上腕二頭筋は緩んだままです。その裏側の上腕三頭筋のみが、硬くなっているはずです。

このように、気というものは特別な魔法のようなものではなく、「気持ち」の「き」であり、意識の「き」であるととらえた方が良いのかもしれません。

写真５　両手の指を重ねる

写真６　両手の掌を重ねる

写真 10　薬指の第二関節を張る

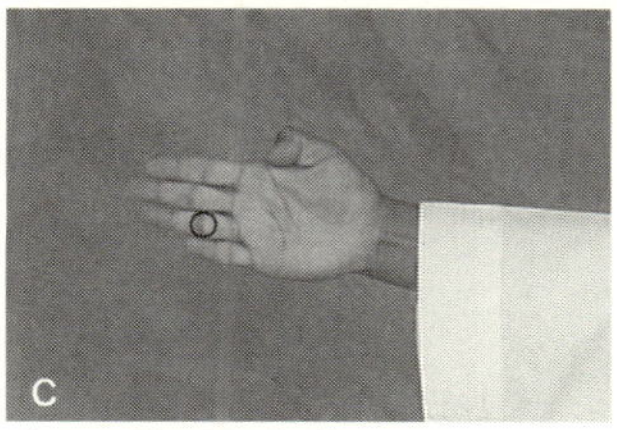

○印の箇所を意識して張る。

写真７　腕を少し曲げた状態で前方へ出す

写真８　手首と肘あたりを持たれる

写真９　相手に力で対抗しようとすると…

②
礼

礼は、相手に対する尊敬・感謝の気持ちを表す行為ですが、ただ背筋をピンと伸ばすだけではいけません。やはり、空手が武道である限りは、どこの部位をどのように意識して礼をするのか研究しなければならないと思います。

では、礼の仕方に対する簡単な「こつ」を解説しましょう。

PARADOX 004

呼吸で姿勢を正す

みなさんは、礼をする時に呼吸を意識していますか？　頭を下げる時に息を吸っているか、それとも吐いているか。そして、戻す時には息を吸っているか、吐いているか。

私は、「空手の稽古で最も大切なのは稽古の前後の礼です」と言っています。礼をする時に、適切な姿勢と呼吸ができていれば、その後の稽古内容は何をやっても効果が上がると思っているからです。とはいっても、私自身呼吸法は空手でしか習ったことがなく、専門的なことはあまりわからないので、これはあくまでも私見として書きます。

まず、気を付けから頭を下げる時は、吸った方が良いと思います。この時に吐くとどうしても腹圧が上がりません。吸うことで適度に腹圧が上がり、姿勢も崩れにくくなります。子どもによく見られることですが、座礼の時も立礼の時も慌てて礼をして、頭を下げながら「お願いしま～す！」と言っていないでしょうか。息を吸いながら頭を下げて、下げきったところで「お願いします」と言い、頭を上げる時も吸うとしっくりくると思いますよ（**イラスト1**）。

私の場合は、腹圧をかけることをすべての動作において重視するので、特に吸気は無視できません。必ずしも吸うと力が抜けて吐くと力が入るわけではないからです。

ちなみに、椅子に座った状態から立つ時、みなさんは息を吸いますか、それとも吐きますか。これも絶対的な正解はないのでしょうが、私は立つ時も座る時も吸った方がしっくりときます。座る時も吸うというのは、みなさんは意外に思われるかもしれませんね。

一度試していただければわかると思うのですが、息を吸うと身体の後ろ、背中から臀部そしてハムストリングスに意識がいきます。息を吐いてしまうと、どうしても腹筋や大腿四頭筋に力が入り、僅かではありますが「力み」を感じるのです（**写真11ａｂ**）。

私の道場生には、「礼の時は、吸って礼をして、頭を上げる時も吸いなさい」と指導していますが、みなさんも礼の時や、椅子に座ったり立ち上がる時に、いろいろな呼吸を試してみてください。

私としては、みなさんが呼吸に興味を持ってくだされば、それで良いと思っています。興味を持てば、自分なりの発見があり、いろいろとわかってくるからです。

イラスト１

吸いながら頭を下げて、下げ切ったところで「お願いします」と言い、頭を上げる時も吸うとしっくりくるだろう。

写真 11　立つ時に息を吐く

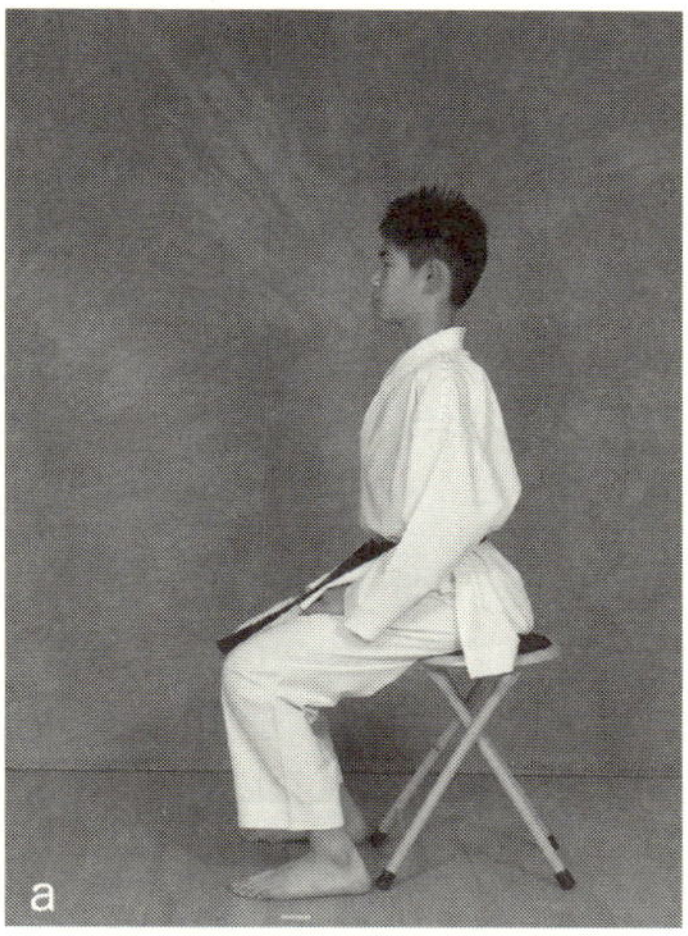

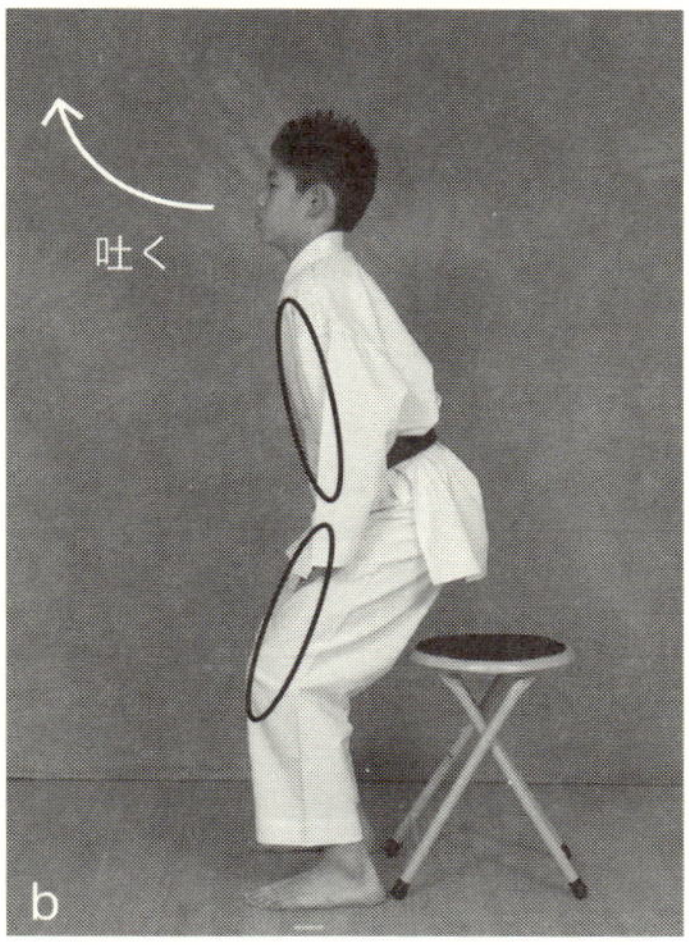

息を吐きながら立ち上がると、腹筋や大腿四頭筋など身体の前面に力が入り、僅かな力みを生じる。

写真 12　立つ時に息を吸う

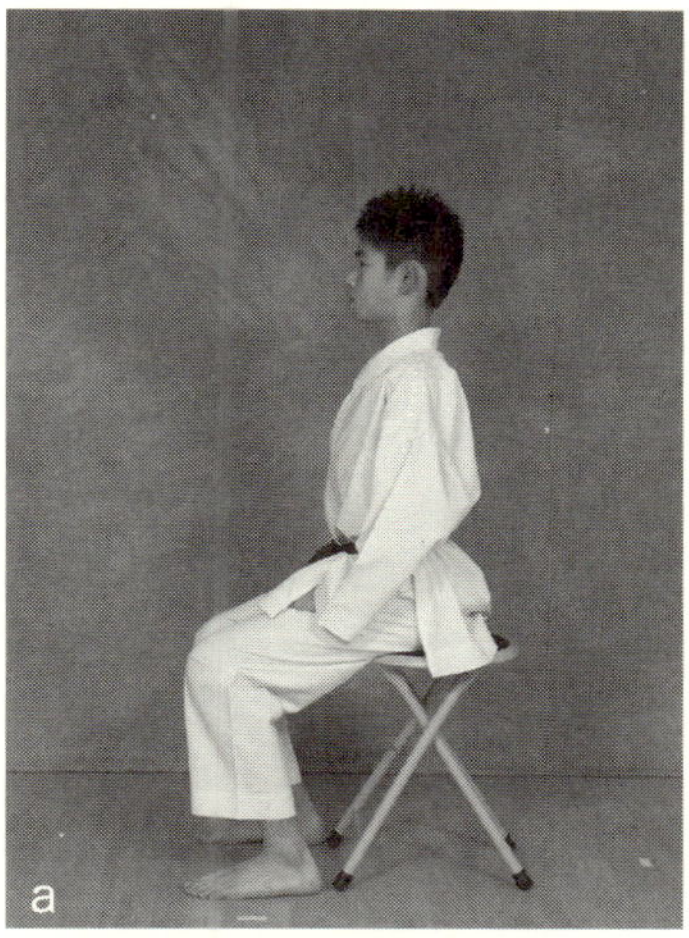

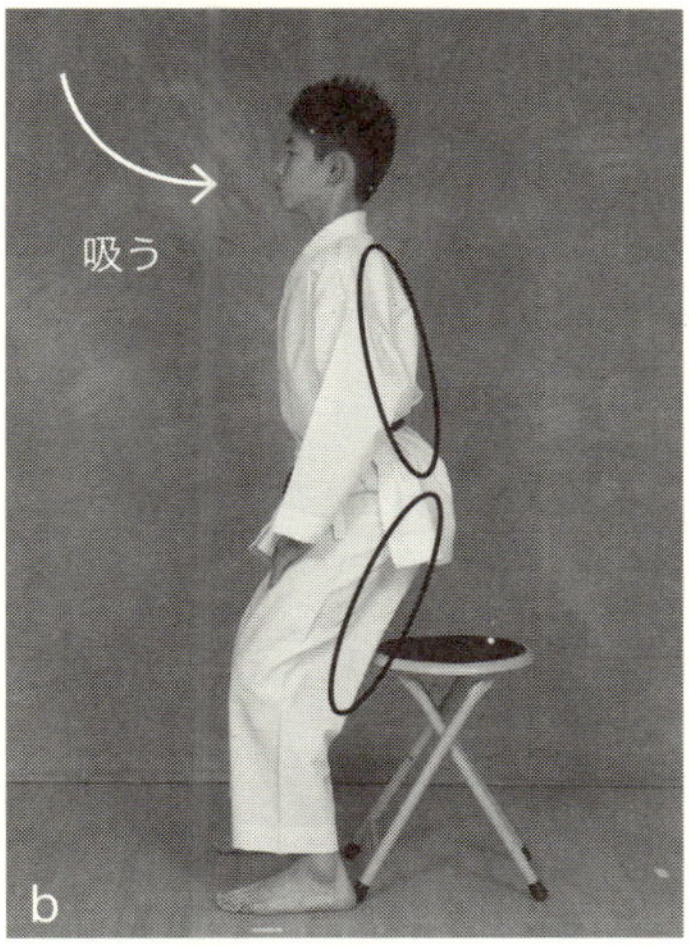

息を吸いながら立ち上がると、背筋やハムストリングスなど身体の後ろ側に意識がいく。

PARADOX 005

足の指で姿勢を正す

最近、腹筋と背筋が弱いせいでしょうか、姿勢の悪い子が目立つようになりました。普段から背中を丸めて胸をすぼめている子が多いと感じます。

ただでさえ姿勢が悪いのですから、礼をする時になるとさらに背中を丸めて真下を向いてしまいます。いくら背筋を伸ばしてと言っても、本人はしっかりやろうと思っているのにできないので、埒（らち）があきません。

そんな時は、私は足の指を5本とも床から離して礼をさせます（**写真13d**）。足指を床から浮かせると、姿勢が真っすぐになるのです。重心も安定し、このまま空手の基本を行なうと正しい筋肉の使い方を学ぶことができます。

前屈立ちから前蹴りを行なう時に、足指を床から浮かせて行なうと脚のかい込み（抱え込み）をスムーズにできます。姿勢が前かがみにならないので、腸腰筋で正しく脚を引き上げることができるようになるからです。

「正しい技は正しい姿勢から」――正しい姿勢を取るために、呼吸に注意し、指にも注意してください。

写真 13ab　一般的な立礼

写真 13cd　足の指を浮かせて立礼

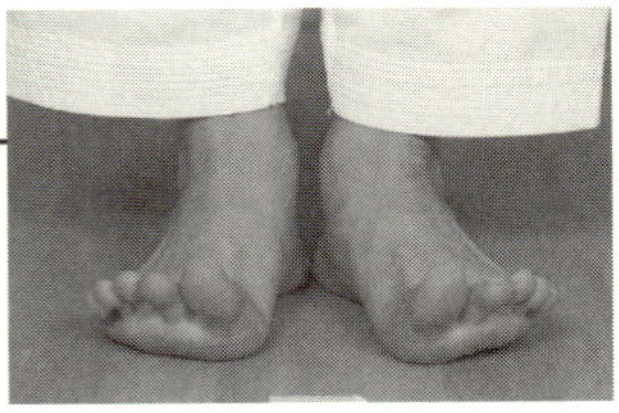

足の指を床から離すと重心が安定し、背筋が伸びる。

3

眼力《めぢから》で技が変わる

みなさんは、眼は単に見るためのものと思っていませんか。確かに見るための機能であることに違いはありません。しかし、眼にはこれまで思いもよらなかった効果もあるのです。

剣道で言われる大事な要素に「一眼《いちがん》二《に》足《そく》三胆《さんたん》四力《しりき》」がありますが、一番最初に来るのが「眼」なのです。それほど、眼は戦いにおいて重要な要素なのですが、これまでは何が重要なのか具体的説明がなく、わからなかった人が多いのではないでしょうか。

この項では、眼の重要性を証明していこうと思います。

PARADOX 006

なぜ、ろうそくの灯を見つめるのか？

武道家がろうそくの灯を一心に見つめる。こんな光景を最近は見なくなりました。そう言う私も当初は、ろうそくの灯を見つめることで集中力をつけるのだなと漠然と思っていましたが、本当は思っていた以上に効果が大きいことに気づきました。

まず、ジッと1点を見つめていると瞬きをしなくなります。そして、真剣に見つめれば見つめるほど、眼に力がこもってきて眼の奥で物を見ているような感じになってきます。この眼の状態こそ、精神が集中した状態です。

私は、子どもたちにろうそくを使わせると火事の心配があるので、代わりにテニスボール積みをさせています（**写真14**）。

床やテーブルに置いたボールの上に、もう一つのボールを乗せる訓練です。これは眼の状態を作るのにろうそくと同じ効果があるだけでなく、指先の感覚を鍛えることにもなり、一石二鳥の効果があります。私自身の感覚ですが、精神が集中してくると頭の表面が熱くなってピリピリしてきます。

さて、このトレーニングの成果を、漠然とではなく具体的に確認する方法はないのか。それがあるのです。まず、自然に立った状態で、正拳突きの構えをしてください（**写真15**）。誰かに拳を前後左右にゆっくりと動かしてもらい、どの程度の強さなのかチェックしてください（**写真16**）。次に、ろうそくの灯かテニスボール積みをイメージし、その眼の状態を保って再び正拳突きの構えをしてください（**写真17**）。

すると、先ほどの何もしない状態よりも、腕の力がはるかに強くなり、人によっては腕がびくともしないほど強くなっているのが確認できると思います。

眼の状態が変わるだけで力が明らかに強くなる。これならば、誰でも眼の効果を容易に確認できるのではないかと思います。ですから、普段の稽古の時から技を極（き）める時は、眼を「ろうそくの灯を見つめた」状態にしてください。

写真 14　テニスボールを積む

床に置いたテニスボールの上に、もう一つのテニスボールを乗せ、写真 14b の状態にする。

写真 17　テニスボール積みをイメージ

写真 15　正拳突き

写真 16　正拳の強さをチェックする

テニスボール積みをしている感覚をイメージしながら正拳突き。正しく「眼」が作れていれば、強さが増す。

いつも通り正拳突きをして、強さをチェックしてもらう。

PARADOX 007

眼力で予知能力が身に付く？

さて、「ろうそくの灯を見つめた状態」の眼を作ると、組手で不思議な力が身に付くのです。どんな力かと言えば、予知能力がついて相手が何をしてくるか、技を出す前にわかってしまうことです。

予知能力なんて、競技空手界で生きている私の口から爆弾発言が出てしまいましたが、これは人の興味を引くための方便です。私自身も、まるで未来が見えるような予知能力で空手をやっているわけではありません。

しかし、その状態の眼をした選手の組手を映像で確認していると、面白いことに相手が突く前に受ける用意をしたり、相手が攻める前に間を切る準備をすることがあります。まだ、相手はまったく動いていない状態なのに、それをあらかじめ知っているがごとく、先に動いているのです。

おそらく、眼の状態ができてくると、空手着の下の筋肉の動きを微妙に感じたり、僅かな表情の変化を読み取るなど、これまでは相手が動いてからでなければわからなかったことを、「気配」として感じ取る能力が身に付いたものと思われます。

また、この眼ができると、間合いを俯瞰（ふかん）で感じることができるようになり、自分と相手、相互間の間合いを、これまで以上に感じることができるようになります。間合いを適切に感じることができれば、技の命中率が格段に上がります。また、相手から自分がどのように見えているかも感じるので、自分の欠点を修正することも可能になります。

ここに書いたことを、ほとんどの読者は半信半疑で読んでいることと思いますが、騙されたと思ってろうそくの灯を見つめるか、テニスボール積みを毎日やってみてください。根気よく続けていると、その感覚が徐々に理解できるようになってくると思います。

相手の出方を予知する能力は、実際には超能力のような類ではなく、感覚が鋭くなることで微妙な変化を見逃さなくなった、というのが正しい表現ではないかと思います。

私は、生徒のフォームをチェックする場合は、生徒の正面に立たないようにしています。正面に立つよりも、真横か後ろから見た方が、生徒の意識をより感じ取ることができるからです。

特に後ろから見ることで、自分の意識をその生徒の身体意識に重ねることでどのように動いているかを感じることができます。

また、相手と対峙した場合、俯瞰で空間を感じ取り、自分と相手を視覚だけではなく空間全体で相対的に感じることで、より多くの情報を得ることができるようになります。

たとえて言えば、目から見る風景に加え、自分と相手を横から見ている自分、上から見ている自分、自分の後ろから見ている自分等、空間に自分の目が多数存在するような感覚を持つことが可能になります。

PARADOX 008

瞬きは気をリセットしてしまう

一流選手は、試合中に瞬きをしません。驚くほど長時間、眼を見開いたままで戦うことができるのです。私がそれに気づいたのは、分析のために試合の映像を観ている時でした。一流と言われる選手の多くが、瞬きをせずに、まさに「ろうそくの灯を見つめた眼」で戦っていることを発見したのです。

格闘技のように相手との距離が近い場合、瞬きは致命的ミスになりうるのです。たとえば、突きの速さを時速40km／hと仮定し、このスピードの物体が1秒間にどのくらい進むかご存知でしょうか。単純に計算すると、1秒間に11．11メートルも進みます。瞬きの時間は、0.1～0.15秒と言われていますが、瞬き1回0.1秒間にこのスピードの物体は111cmも進んでいる計算になります。僅か100分の1秒で、11cmも進んでいるのです。

実際の空手の突きは、ゼロからこのスピードまで急加速するもので、この計算がそのまま当てはまるわけではありませんが、おそらく突きが始動してから反応していたのでは、人間の反射能力では間に合わないのではないかと思います。

それほど高度なレベルでの戦いをしている時に瞬きをすれば、どれだけのリスクが生じてくるか想像に難くないでしょう。瞬きは0.1秒でも、眼を開いた直後は焦点が合いません。それも考慮すると瞬きが多いというのは自殺行為であることがわかります。

よく、形の試合で技が極（き）まる時に必ず眼をつぶる選手がいますが、これなどは瞬きのリスクを考えると、実戦ではまったく役立たないと言えるのではないでしょうか。

さて、数字上の検証に加え、瞬きの危険性を体感してみましょう。自然な立ち方から正拳突きを構えてください。今度は、最初から眼の状態をしっかりと作って結構です。もちろん、誰かに拳を上下左右に動かされてもビクともしませんね。

次に、その状態を保ったまま、5秒に1度程度でいいので瞬きをしてみてください。そして、相手に拳を動かしてもらってください。すると不思議なことにまったく力が入らなくなるのです。簡単に拳が動いてしまいます（**写真18**）。つまり、せっかく眼の状態を作って強くなった技も、瞬きをすることでリセットされてしまうのです。

このように、眼は想像以上に技と関係していることがおわかりになったと思います。眼を作れば脳が活性化され、感覚が鋭くなる。ですから、身体を鍛えると同時に、眼を鍛える稽古も定期的に行なうと良いと思います。

写真18　瞬き

眼の状態を作っても、瞬きによってリセットされてしまう。

④ 強さ速さは姿勢で決まる

「空手で最も大切な要素は何ですか?」と尋ねられたら、私は「姿勢と呼吸です」と答えます。姿勢に呼吸が加わり、技の威力が驚くほど変わるのです。

まず、基本的な姿勢から説明します。これに関しては、JKFan2004年8月号で、永田一彦先生が書かれていることが最も理解しやすいと思うので、拝借して述べさせていただきます。

まず、耳の中心を通る垂直の線が、肩の中心を通り、そのまま大転子に落ちるように立ちます。通常は、耳→肩の中心を通る線が、腰の中心を通ってしまいますが、それでは安定した立ち方を取ることができません（イラスト2）。

すべてはこれが基となり、立ち方を決めていきます。初めてやると前かがみになっているように感じますが、あくまでも身体の後ろの筋肉で立てるように意識してみてください。ここで、大腿部の前（大腿四頭筋）に体重がかかるようでは、逆効果にもなりかねません。

イラスト２
望ましい姿勢

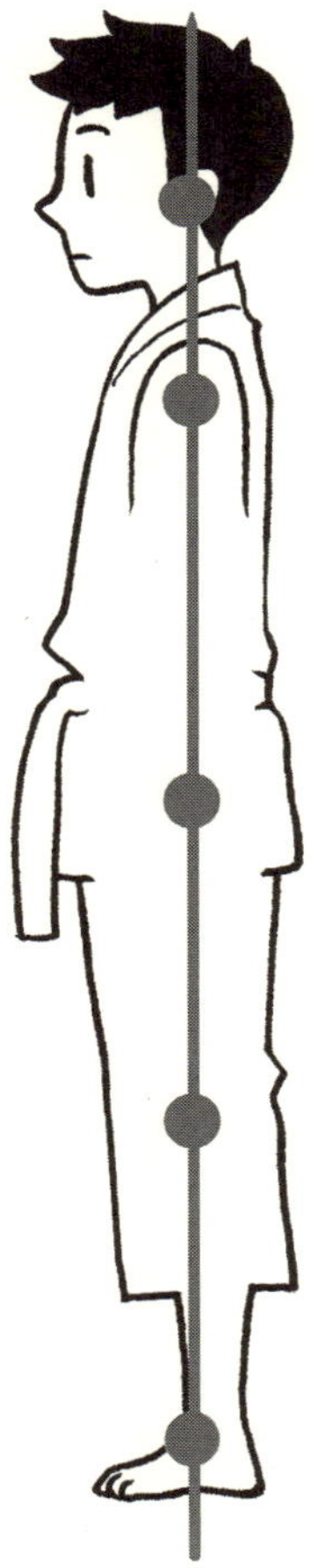

参照
『空手道マガジン月刊 JKFan』
2004 年 8 月号 40 ページ

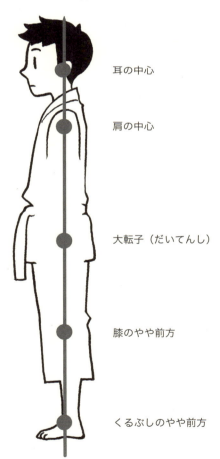

PARADOX 009

力は跳ね返さずに吸収する

さて、みなさんは相手の攻撃をどのように防ぎますか。こんな漠然とした質問では答えようがないでしょうから、もう少し詳しく聞きましょう。相手の技の威力をどのように吸収しますか。これでもわかりませんね。

では、具体的にやってもらいましょう。まず、自分は肩幅で平行立ちか八字立ちで立ってください。そこに自分と同じような体格の人にぶつかってもらいましょう。足を動かさず横にいなすこともせず、どうやって受け止めますか。

相手を跳ね返そうと思うと、かえって自分が跳ね飛ばされてしまいます（**写真19**）。逆に相手の突進力を吸い取るようにすると、止めることができます（**写真20**）。

原理自体は難しくありません。試しにテニスボールを使い、素手でキャッチボールをしてみてください。ボールをそのままつかみに行くと、跳ね返ってしまい捕球できません。一方、膝を柔らかく使って手を引きながら受け取ると、ボールは跳ねずに楽に捕球できます（**写真21**）。

この原理をタックルの時に応用するだけです。とは言っても、思い切りタックルしてきた相手を実際に受け止めるには、感覚をつかめるまで数をこなしてください。

せっかく安定した姿勢を取っていても、相手のタックルに対し、ぶつかって行くと、自ら体勢を崩す結果になるので注意が必要です。力を吸い込むことに慣れてきたら、その力を受け取りながら横にいなしたり、相手を下から浮かせたりと、自在に操ることができるようになります。

写真 19　相手を跳ね返そうとする

写真 20　相手を吸い取るように

写真 21　ボールを受け取る

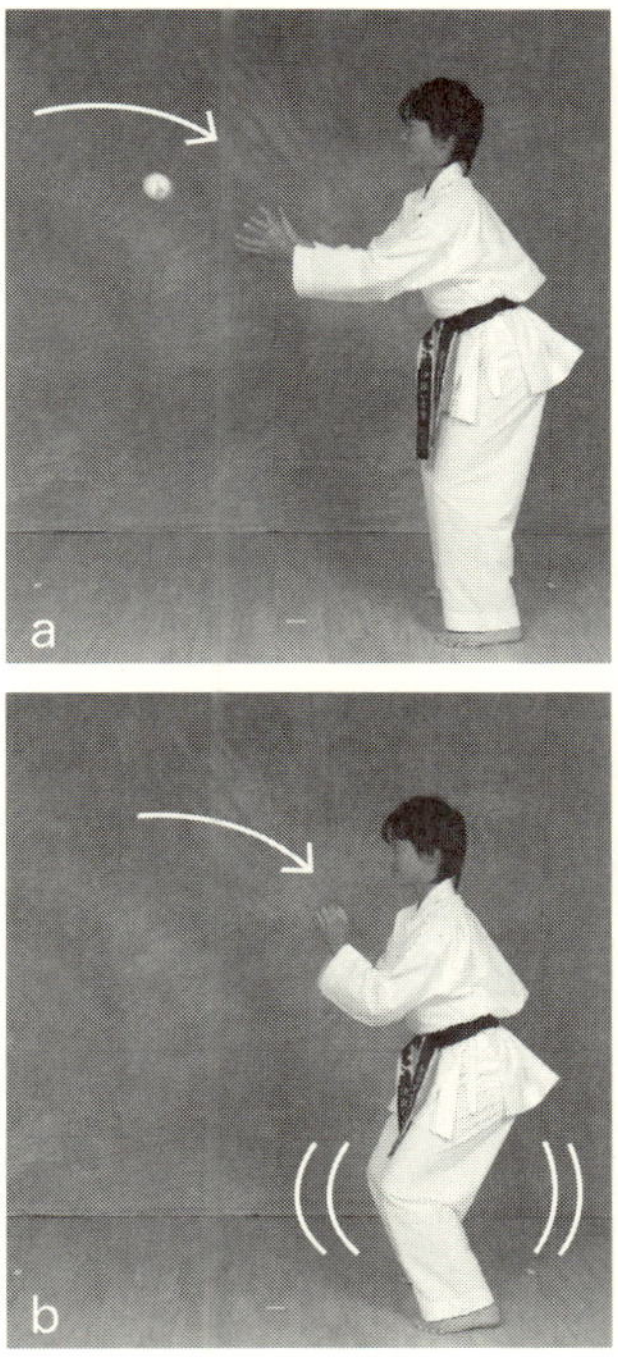

写真 22　つかみに行くと

PARADOX 010

押されるほどに力を抜け

今度は押し相撲をやってみましょう。最初は思い切り押し合いをしてください。基本的には、身体が大きく体重の重い方が有利です。しかし、自分よりも大きな相手にも押し負けないどころか、楽に押し勝つ方法があります。

それは、完全脱力をすることとです。相手が押した瞬間に力を抜けば、押し負けることはありません。試しに、2～3人を相手に押し相撲をしてみてください。最初は力で押し返そうとしてみましょう。瞬く間に重心が浮いて抵抗できなくなるでしょう（**写真23ａｂ**）。

次に、相手が押してきた瞬間、自分は膝の力を抜いてみましょう。力は入れていないのに、そのまま相手を押して行けると思います（**写真24**）。最低でもその場に留まることはできるはずです。

膝を抜く時のこつですが、自分の重心だけを考えず、相手と組んだ状態の2人の重心を仮定し、そこに自分の重心を落とし込むようにイメージします。

空手の試合でも、最近は投げで3ポイントを取る選手が増えてきました。通常の空手の練習では投げることもできないし、柔道経験者を相手にすると軽く投げられてしまうなんてことはありませんか。正直に言わせてもらえば、競技空手だけをやってきた人間は、腰が弱いと感じます。

だからといって、空手は組むと弱いのではありません。伝統的な稽古体系を学んでいれば、相当に強い腰を作ることができるはずです。

あるいは、伝統的な稽古をやらずとも、子どもの頃から相撲を取っていれば、それだけで腰は随分と強くなるはずです。最近の子どもたちは、砂場で相撲を取るなんてことがなくなったので、余計に力の使い方がわからないのでしょう。

写真23　力で押し返す

2～3人を相手に力で押し返そうとしても、重心が浮いて抵抗できない。

写真24　膝を抜く

相手が押してきた瞬間に膝の力を抜けば、相手を押していける。

PARADOX 011

早くて速い！　最強の姿勢は最速の姿勢

前述した、押されてもタックルされても負けない姿勢というのは、最強の姿勢というだけでなく、最速の姿勢でもあります。正しい姿勢と立ち方ができているということは、重心が安定しているということですから、とっさの時にあらゆる方向に素早く動けるようになります。

まず、稽古で自分の姿勢を正しく保って重心を感じ、組手の構えの時に同じ意識で立ってみてください。動きが今まで以上に速くなるだけでなく、相手の動きに対する反応自体が早くなっていることに気づくでしょう。また、正しい姿勢を取ると、軽く突いただけでも驚くほどの威力が生じます。

反応も早く動作も速く、加えて威力も強くなる。だから、最強の姿勢は最速の姿勢でもあるのです。

この反応に関しては後述します。

PARADOX 012

東西強さの象徴、ゴジラとGodzilla

さて、私は世界の人々の身体意識の相違は明らかに存在し、東洋と西洋、日本と海外、他民族間では決定的な相違があるということを、11年間の海外指導を通じて痛感しました。それと同時に、どんなに人種や文化や生活習慣が違っていても、目は2つだし、手も足も2本ずつで、その手足の長さだってせいぜい数パーセントの違いしかないのだから、正しいものはどこでも正しいし、間違いは誰でも間違いだという考えを持つに至りました。どこが違っていてどこが同じなのか。そこがわかればこれらは決して矛盾するものではないということがおわかりいただけるかと思います。

では、まず東洋と西洋の違いを説明しましょう。私は、世の男の子たちと同様に幼少の頃から怪獣のテレビ番組や映画が大好きでしたが、やはり怪獣の王様といえばゴジラでしょう。１９５４年の銀幕登場から２００４年の最終作まで、50年もの間、その時々の子どもたちや、ゴジラと共に育った私たち大人の心までをも奪い続けてきました。

では、ゴジラがなぜこれほどのロング・シリーズになったのでしょうか。ストーリーの面白さもあったでしょうが、やはりその理由はゴジラの体型・姿勢と眼にあったのではないかと思います。ゴジラは時代と共に顔も体型も変化してきました。しかし、表面的な体型は変わっても本質的なものは変わっておらず、それこそがゴジラを半世紀もの間、怪獣の王として君臨させてきた理由ではないかと思っています。

では、何が人々を惹き付けているのでしょうか。私は、ゴジラの体型・姿勢そのものが我々日本人から見た「強さ」を具現化しており、理由はわからなくてもその体型・姿勢で最も強いものであると本能的に理解できたのではないかと思います。日本人であれば、ゴジラの若干前傾気味で肚の据わった立ち姿を見れば、最強の怪獣であることがすぐにわかったと思うのです。

ところが、１９９８年にハリウッド版Godzilla（ゴジラ）が上映された時には、あまりの体型の違いに驚きました。しかし、ハリウッド版ゴジラの体型こそが、西洋人が考える「強さ」の具現化ではなかったかと思うのです。細い下半身に逞しい上半身は、太い下半身に細い腕の日本版ゴジラと見事に対照的な姿です。まさにヘラクレス像と仁王像、レスリングと相撲に代表される体型の相違が、怪獣においても見られたということです。

また、あの眼もゴジラの魅力のひとつです。他の怪獣に見られるようなペット的な眼ではなく、明らかに見られた者がすくんでしまうような威圧感があります。ここまで本書を読んできた人であれば、空手の姿勢と眼は、ゴジラを参考にすると良いというのが理解できるかと思います。

本稿を書いている時に、面白いものを発見しました。ＪＫＦａｎ２０１２年12月号の山城美智先生の連載「泊手 実戦秘術の伝承『崩す』術その2―予測と安定とは―」61ページにある**図2**に、肘を曲げて尻尾を付けたらゴジラの姿勢になるのです（**イラスト3**）。

ゴジラというのは、日本人が最も「強い」と感じることができる姿勢を取っている。だから、強さの象徴として50年もの間、子どもたちのあこがれの的として活躍したのです。

イラスト3

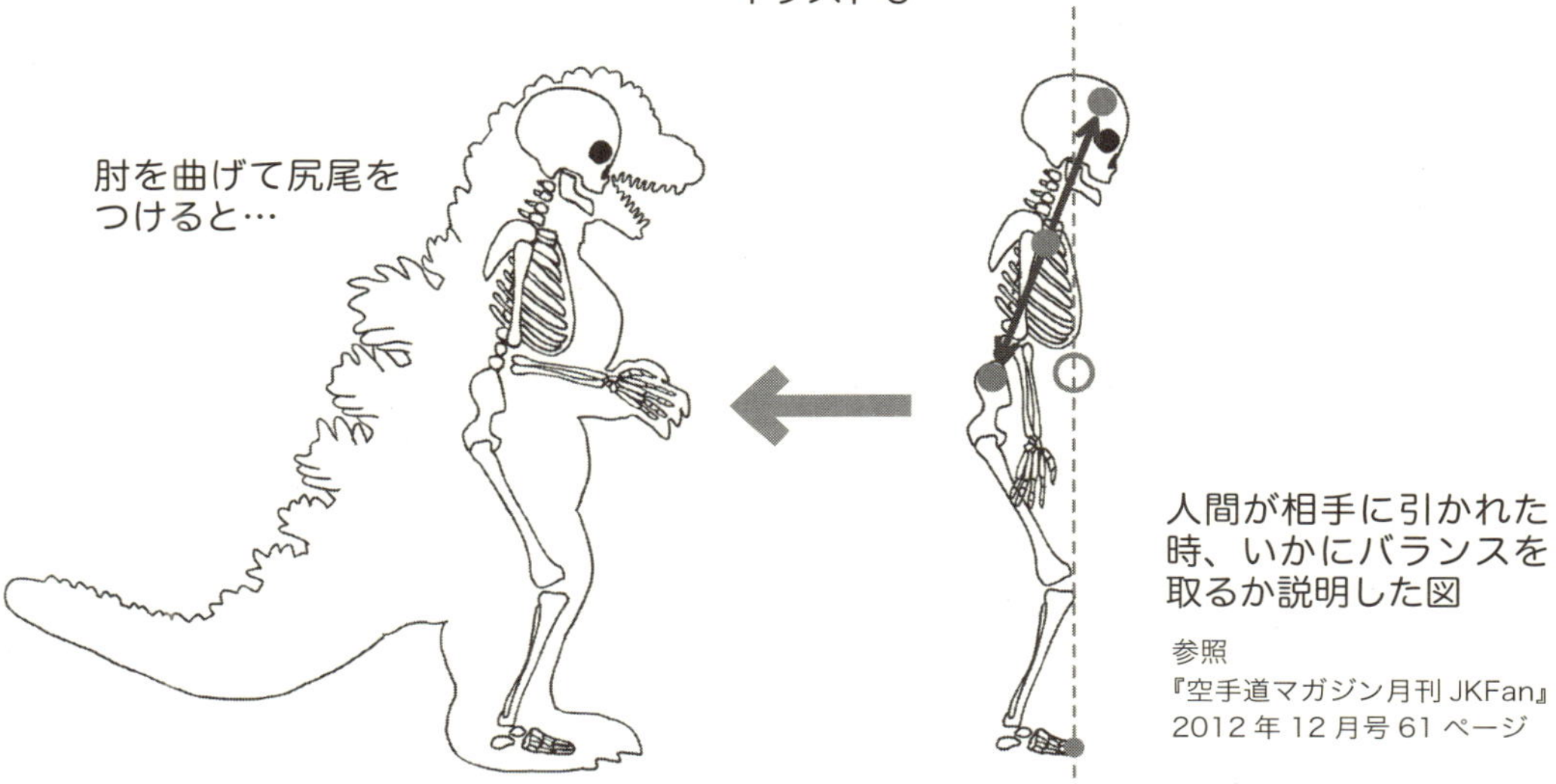

人間が相手に引かれた
時、いかにバランスを
取るか説明した図
参照
『空手道マガジン月刊 JKFan』
2012年12月号61ページ

写真26　ハリウッドの Godzilla

写真25　日本のゴジラ

5 引く方が強く突ける？ 身体操作の妙

PARADOX 013

逆腰？　二重腰？　ガマク？

空手の身体操作で面白いのが、逆腰と言われるものです。突きを例にたとえると、突き切る瞬間に腰を戻すものです。まともに考えれば、技が極（き）まる瞬間に腰を引いてしまえば、威力が半減しそうです。しかし、実際には強くなるから不思議議です。

腰の使い方は、流派・会派により「逆腰」「二重腰」「ガマク」とさまざまな呼び名があります。言われている使い方はそれぞれ異なりますが、私は、とどのつまりはすべて同じものだと思っています。二重腰に関しては二度腰を入れるわけですが、腰を入れる部分に重点を置けば二重腰となり、腰を引く部分に重点を置けば逆腰となるのではないかと推測します。ただし、ガマクに関してはさらに幅広い用法があり、必ずしもイコールというわけではなく、オーバーラップする部分があるという表現の方が正しいかもしれません。

逆腰に関して多少の説明を加えると、通常は腰を引いてしまっては体重が乗らず、威力がありません。しかし、これは人間の感覚と実際の操作のギャップを埋める方便ではないかと思うのです。現実的には感覚が時間的に身体操作に追いつかず、技が極まる瞬間に腰を引く感覚を持つことで、実際には引いた反動で腰をより強く入れているのではないかと推測します。

では、誰でもこの逆腰を体感できる方法を説明しましょう。ただし、この方法は首を痛める可能性があるので、十分に注意をして行なってください。

まず、相手役の人に背中を向けて立ってもらいます。そこに腕を伸ばして掌を当ててください（**写真27a**）。最初は、腰をしっかりと入れて掌で相手の背中を押してみてください（**写真27bc**）。

次に腰の力を抜きながら数回振り、腰を引いた時に掌で相手の背中を押してください（**写真28a〜c**）。どちらが強いか、押された人に訊いてみるまでもなく、腰を引いた方が強いことがわかるはずです。もし、2度目の方が弱ければ、本当に腰を引きながら相手を押してしまったのでしょう。

繰り返しますが、相手役の人は瞬間的に力が加わり、首を痛める危険性がありますから、顎をしっかりと引くのを忘れないでください。

写真27　腰を入れて押す

写真28　腰を引いた時に背中を押す

PARADOX 014

突きも受けも体幹の使い方は全部同じ

この腰の使い方は、突きだけでなくすべての技に共通します。一般的には腰を逆に切るように指導されますが、実際には技が極まる瞬間には腰は技の方向に切っているはずです。やはり、技は物に当てながら作るべきで、何も叩かずに腰の切り方を覚えてしまうと、文字通り逆方向に切った時に技を極めてしまうのではないかと思います。

この腰の使い方は、挙げ受け・中段外受け・内受け・下段払いだけでなく、掛け受けや回し受けにおいてもすべて同じです（**写真29**）。

この腰の使い方を体感するには、相手の背中を押す方法が最も簡単ですが、さらに実戦的に体感するには、小手を合わせて相手との押し合いをしてみると良いでしょう（**写真30**）。腰を引くと同時に手を突き出すと、相手が相当に強く抵抗しても負けることはありません。

さて、この逆腰は素手での戦いに適しています。瞬間的に圧力を加える方法なので、ボクシングのようにグローブを使用するとクッションの厚みで運動量が吸収されてしまい、強い打撃は難しいのではないかと思います。ですから、空手としての突きの威力を養うには、瞬間的に圧力をかけなければいけないという点で、サンドバッグよりも巻き藁の方が適しています。

しかし、グローブを使う格闘技では、全く異なる身体操作を行なっているのかと言えば、そうとも言い切れないと思います。たとえば、ミット打ちでもサンドバッグでも、共通しているることは「パンチは当ててからすぐ引いた方が効く」ということです。

突き詰めて考えれば、これも逆腰と同じように、感覚と実際の操作のギャップを埋めるための方便なのではないかと思っています。

この辺りに関しては、私のような素人があれこれ述べても仕方がないので、専門家による科学的な調査を期待します。

写真29　回し受け

写真30　小手を合わせて押し合う

第1章　突きのパラドックス

CHAPTER 1　Paradox of Tsuki

1 突きは突こうとするから突けない

ここからは、具体的な技の「こつ」を解説します。まずは、空手の代表的な技である突きです。人間の感覚は不思議なもので、技に名前がつくと、それによって意識が変わってしまいます。昔の沖縄では技に名前はなかったと聞いていますが、身体意識の伝達に名前はかえって邪魔になったのではないかと思います。

突きに関しても同様で、突きという言葉にとらわれ過ぎると、かえって突くことができなくなるというジレンマに陥ります。

ただし、これはある程度熟練した人に当てはまることであり、初心者やジュニア世代の稽古は、目いっぱい突き込む感覚で行なってもらった方が良いでしょう。

ですから、これから書くことは、初心者の方はあくまでも参考程度に留めておいていただきたいと思います。

PARADOX 015

物を取るように

突く時のポイントとしては、目標物を「叩こう」と思わないことです。なぜ、叩く意識ではいけないのか。それは、人間は叩こうと思った瞬間に、力みが生じてしまうからです。力みはブレーキとなり、突きを強くしようとすればするほど、弱くなってしまいます。

そして、突きは決して腕の力に頼ってはいけないのです。あくまでも全身の重心移動を伴い、腕を媒体として全身の運動量を拳に伝達すれば良いのです。

熟練者の方は一度突きの意識を捨ててください。我々霊長類には手があり、物をつかむことができます。物をつかむ行為は、最も自然に全身の調和が取れている状態です。この全身の調和こそ、技の威力を倍増させるこつと言えるものなのです。

イメージを植え付ける方法として、サルがバナナを取るように何かをつかんでみてください。あるいは、テーブルにある物をつかむ時の手と足のタイミング、重心移動、それらは突きの動作にとって、理想に近いものとなっているはずです（**イラスト1**）。

物をつかみに行く時、霊長類は手から先に出ます。そして、自分の身体から物までの距離に応じ、歩幅を調整します。決して、踏み込んでから物を取ることはありません。物をつかむ意識を持てば、距離が合わないはずがないのです。

私が、これを発表した時、少なからず批判がありました。「突きは全身全霊を使い、渾身の力を込めて突くもの。物をつかむなんてことでは威力は出ない。そんなことを言えるのは、本気で殴ったことがないからだ」という厳しいご意見もいただきました。

空手の修練の過程は、人それぞれで異なります。自己のレベルに応じ、やり方も異なって当然と考えます。時には、昨日までと正反対のことを今日から行なう場面もあるかもしれません。

ここに紹介した突き方は、あくまでも私の感覚で書いているものです。みなさんが試してみて本当に私と同じ効果を得られるかどうかはわかりませんが、とりあえず試してみて損はないはずです。

イラスト１
物をつかむ時は、最も全身の調和が取れている状態。

PARADOX 016

なぜ米粒をつまむのか？

組手の時に「突こう」という意識が強すぎると、距離が合わずに当ててしまったり、届かなかったりします。私は、突く時の意識として、相手の顔に付いた米粒をつまむように突くことを提唱しています。あくまでも感覚ですから、文字通り指先で突かないようにしてくださいね。拳頭で突きますが、感覚はあくまでも米粒を「つまむ」感覚です。

では、なぜ米粒をつまむのかということですが、小さなものをつまむ感覚を持つことで、細かなコントロールが利くようになります。突く意識を持っていると、突こうと思った瞬間に距離と方向が決まり、目標が動いてしまうと軌道修正が難しくなります。対して、つまむ意識で突くと、突きが始動した後に目標が動いても、軌道修正ができます。たとえて言えば、誘導ミサイルのように目標を追って行けるのです。加えて、全身の調和が取れ、突きの威力が増します。さらに、相手の反応が遅れるという効果も得ることができます。

つまり、コントロールが良く、威力もあり、相手が反応しないし、反応しても途中で軌道修正ができる。こんな一石三鳥にも四鳥にもなる突きが実現するのです。

ちなみに中段を突く時は、「セーターの毛玉を素早く取ってあげるように突きなさい」と指導しています。米粒だろうが毛玉だろうが、とにかく小さな粒をつまむような意識で突くことが重要なのです。

PARADOX 017

足よりも手が先

さて、突く時の手足のタイミングですが、みなさんはどのように考えていますか。足が出てその後に手が出るか、それとも手足同時に出るか、手が先に出てその後に足を出すか。

普通に考えれば、手が先に出るのはダメだと思いませんか。しかし、実際には手が先に出て、その後に足が出るのです。

これを証明するにはまず、51ページ「物を取るように」で書いたようにテーブルに置いた物を取ってください。その時、自分の手足がどうなっているかチェックしてください。物を取るという行為は、必ず手が先に伸びて行きます。そして、目標物への距離を目や肌で感じ取り、距離に合わせて足の踏み出しを調整しているはずです。

空手の突きは、まさにこれなのです。足を最初に踏み出してから手を出していては、タイミングが遅れるばかりでなく、距離も合わず威力も半減してしまいます。

ただ、何でもかんでも手が先走ってしまっても、体勢が崩れるだけで逆効果になってしまいます。手が方向と距離を感知し、その後に足が出るということは、身体全体を手に誘導される方向に運び、全身の運動量を手に集中して突き込むということです。

ですから、手が先に出ても身体を運ぶことができれば良いのです。

② 突きは歩け

物をつかむ感覚で突くということを書きましたが、これはいわゆる手先の感覚です。ここでは、突く時の腕について述べてみましょう。私が突きで強調したいのは、「腕の力に頼るな!」ということです。腕だけでしっかりと突けるようにすることは大切ですが、腕力で突くこととは別問題だと考えます。

ここでは、腕の感覚を理解するために歩いていただきます。歩く時の腕の振り方に注意してください。極論を言えば、歩く力があれば十分に「効く突き」を繰り出すことが可能なのです。

PARADOX 018

腕をたたむのは威力のためではない

突く時に肘を曲げて腕をたたみますが、これは決して威力を増すためではありません。腕を伸ばしたままでも十分に威力は出るのです。では、なぜ腕をたたんで突くかといえば、「最短距離・最短時間で攻撃を目標に到達させるため」と言えるでしょう。

腕をためば軌道は目標まで直線となります。加えて、腕を伸ばすことによる加速も期待でき、少しでも早く目標に到達するには、曲げた方が有利でしょう。また、腕を曲げて自分の身体をガードし、防御から即攻撃に転じることができるので、腕はたたんでおいた方が実戦的ではないかと思います。つまり、戦いにおいては腕はたたんでいた方が良いのですが、こと威力に関して言うならば、たたんでも効果はほとんどないと考えてください。

野球のバッティングでも、完璧なフォームで打った打球よりも、腕を伸ばし切って外角低めのボールを払うように打った打球の方が、飛距離が出るなんてことがありますが、これも同様の理由だと思います。インパクトまでは最短距離を通し、打球にバットをぶつけてからフォロースルーを取れば、スウィングの時間は短くなるでしょう。

反面、腕を伸ばし切って打てば、時間的には長くなりますが、バットにボールが乗って失速しない分、遠くまで飛ぶこともあるのです。普通に考えれば打ち損ないに近いフォームですが、実際に打たれるボールに加わるエネルギーは見た目以上のものがあるわけです。

PARADOX 019

歩く力だけで十分に威力は出る

歩行は、上半身にはほとんど力みを伴いません。また、歩く動作はもっとも日常的な重心移動でもあります。この重心移動を利用して突きを出せば、驚くほどの威力を発揮することができるのです。加えて、足の踏み出しに合わせて左右の手を振る行為は、いわば究極のバランス運動です。手足のタイミングの一致は突きや蹴りに欠かせない要素となります。この重心移動と手足のバランスこそが、突きのおこりをなくし、威力を増す最大の要因です。

だから、空手の基礎は歩くことと言っても決して過言ではないのです。突きは、威力だけを考えれば、歩く時に腕を振るだけの力があれば十分です。

では、実際に試してみましょう。パートナーの腹部に直接、またはミットを当ててもらい、普通に正拳突きを出してみます（**写真1ａｂ**）。次に、歩く時のように腕を振って、肘を曲げずに、そのままスウィングして当ててみましょう（**写真2ａ～ｄ**）。実際に受けてみるとわかりますが、後者の方がはるかに威力があります。

肘関節を伸ばすことで、肘関節がクッションにならず、重心移動のエネルギーが直接拳に伝わります。そのため威力のロスが少ないのです。

他人のお腹を突くことが憚（はばか）られるという人は、背中を押してみてください。

まず、パートナーに下を向いて首を固定してもらいます。次に、たたんだ両手を伸ばして、掌で背中を突き飛ばしてください（**写真3a～c**）。次に肘を曲げずに腕を下から振り上げて突き飛ばしてください（**写真4a～c**）。明らかに後者の方がダメージがあるはずです。

よく、突きは伸びきる前に当てるのか、伸びきった時に当てるのかという論争がなされていますが、この原理を理解すると、理想としては伸びきった時に当てる方がエネルギーのロスが少なく、より大きな力を拳に伝達できるのではないかと思います。

俗に言われる「極（き）め」という空手独特の強さの表現も、必ずしも一種類ではなく、突き方はいろいろとあり、その突き方ごとに異なる「極め方」が存在しているのではないかと考えます。

写真１　通常の中段逆突き

パートナーの腹部に直接か、ミットを当てて中段突きをする。

写真２　歩く時のように腕をスウィング

歩く時のように腕を振り（2a）、肘を曲げずに腕をスウィングして当てると（2b）、通常の突きよりはるかに威力が出る。

写真３　たたんだ腕を伸ばす

写真４　肘を曲げず、腕を振り上げる

③反応できない突きとは？

「空手の突きの特徴は？」と訊かれたら、「一撃必殺です！」と答える人が多いのではないかと思います。私はそれに加え、「反応されないこと」と答えます。どんなに速く威力があっても、当たらなければダメージはゼロだからです。まずは、当てることを念頭に置かなければ何も始まらないと考えます。

実は、空手の基本通りに突けば、この問題はすぐに解決するのです。元々、空手の突きというものは、相手が反応しにくいように作られているからです。

それでは、空手独特の突きはなぜ反応されないのか、解説していきましょう。

PARADOX 020

人はどのように反応するのか？

まず、人は相手の攻撃に対し、どのように反応するか説明します。

人は、相手が突いてくる時にどの時点で反応するでしょうか。拳が動いた時に反応すると思っている人が多いのではないでしょうか。実は違うのです。

試しに、組手の時に腕だけ伸ばして突く素振りをしてみてください。相手はほとんど反応しないと思います。次に両腕の構えはそのままに、肩口を前に素早く動かしてみてください。相手は確実に何らかの反応を示すはずです。

ここからわかることは、人間は突きに対して、拳の動きで反応するのではなく、体幹部の動きで反応しているということです。蹴りも同様で、足だけで蹴る振りをしても相手はほとんど反応しませんが、骨盤を動かすと即座に反応します。正確には、大転子（だいてんし）の少し内側が動いた時に、人は反応するようになっています。

私の経験上、相手が反応する部位を示したのが、**写真5**です。肩口と大転子内側の●印の部分が動くと、相手は確実に反応します。この原理は、相手の意図やタイプを見極めたい時に利用できます。たとえば、刻み突きを出すと相手はどう反応するかを知りたければ、前拳側の肩口を動かせば良いのです。相手は刻み突きが来た時のリアクションをとります。逆突きの時の反応を知りたければ、後ろ腕の肩を動かします。

蹴りも同様で、足ではなく、蹴る方の大転子内側を前に出せば、相手は蹴りが来た時のリアクションを取ります。

逆に考えると、実際に技を極めたい時には体幹部分を極力動かさないようにすれば、相手は反応しにくくなるわけです。空手道の基本は、まさにこの体幹部分の動きを相手に察知されないための訓練だと思います。

写真5　相手が反応する部位

●印（肩口と、大転子の少し内側）が動くと相手は反応する。
大転子…大腿骨骨頭の反対側にある大きくふくらんだ部分。太ももの付け根を外側から押すと触れる骨である。

PARADOX 021

反応できない突き
—拳を飛ばせば反応しない—

ここに書くことは決して奥義ではなく、基本を忠実に実行しただけの突きです。空手をやっていれば誰でもできるはずのものです。

まず、両者が向かい合って立ち、一人が突きの構えからタイミングを読まれないように中段を突きます。もう一人は相手の突きを受けてください。突きは右か左の一方だけ、受けはそれを強く叩き落とすようにします。身体全体を使って突くと、どんなに速く突いても相手は簡単に受けてしまいます（**写真6ａｂ**）。ここでは原理原則を説明することが目的なので、突く方はフェイントをかけずに、ランダムなタイミングで素早く突くだけにしてください。

次に、前述のように、肩口を動かさず拳を放り投げるような感じで突いてみましょう（**写真7**）。すると、相手はなかなか反応できず、ほとんどの突きが入ってしまうはずです。つまり、肩口のポイントを動かさなければ相手の反応は遅れ、突きの極まる確率がアップするのです。

全身を使って突くとなぜ相手に受けられてしまうのか。理由は、拳が動いた時に肩も動いてしまい、体幹の動きを相手に察知されてしまったからです。

基本の突きを稽古する時は、どこの道場でも、肩を入れて腰を回すことはしていないと思います。理由はこれだけではありませんが、結果的に基本通りの突きは体幹の動きを隠し、相手の反応を遅らせる効果があると言えるでしょう。

これを「反応できない突き」と名付けます。

写真6　全身を使って突く

相手は意外にも簡単に反応できる。

写真7　肩口を動かさず、拳を放り投げる

相手の反応は遅れるはずだ。

PARADOX 022

反応できない突きに反応する受け
―股関節で受ける―

では、反応できない突きは万能なのか。いつでも相手の反応が遅れ、突きを命中させることができるのかと言えば、そうではありません。反応できない突きに反応できる方法があるのです。それは、「股関節感覚」で受けることです。

受けの前に、股関節感覚を植え付けるために、**写真8a**の構えをしてください。そして、股関節のV字を手刀で叩き、その瞬間に股関節の力を瞬時に抜いてください（**写真8bc**）。これを数回繰り返した後、反応できない突きを受けてみてください。その時に、決して手で受けようとせず、股関節の抜きで手を落とす感覚を持ちます。

すると、ほぼ100％の確率で反応できない突きに反応できてしまいます。ですから組手の時の構えは、これを参考にして、股関節を抜いて構えれば相手の動きに驚くほど的確に反応できるようになるでしょう。

これを「反応できない突きに反応する受け」と名付けます。

写真８　「股関節感覚」エクササイズ

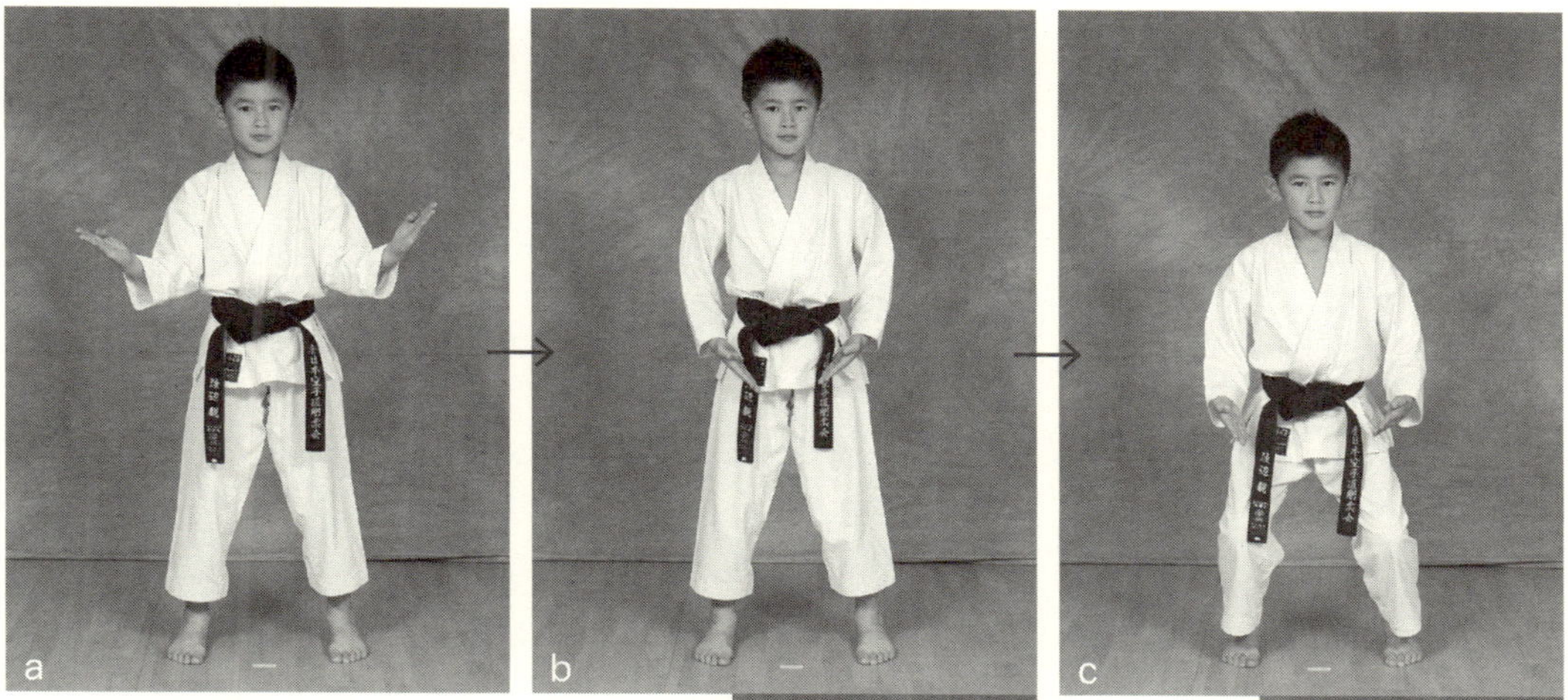

股関節を手刀で軽く叩き、その瞬間に股関節を脱力する。

写真９　股関節で受ける

股関節の抜きによって手を落とす感覚で受けてみよう。
組手の構えにもこの感覚が役立つ。

PARADOX 023

反応できない突きに反応する受けが反応できない突き―呼吸で気を消す―

それならば、股関節感覚で構えた相手には、突きは必ず受けられてしまうのかというとそうではありません。まだまだ、空手の技は奥が深いのです。それさえも簡単に破る方法が存在するのです。

答えは呼吸です。呼吸をコントロールすれば気を消すことができます。気を消せば相手に自分の動きを悟られることはありません。気を消すためには、吸いながら突けば良いのです。試しに息を吸って突いてみてください。相手が股関節感覚で受けようとしても、反応が遅れたのではないでしょうか。

なぜ、相手が反応できないのか。それは息を吸うことによって、相手に向いている自分の身体の前面（腹部と胸部）の筋肉が緊張せず、相手にこちらの動きを察知されないからだと思います。息を吸って突くと、身体の前面よりも、「背中の意識」で突くようになります。これが結果的に気を消すことになるのです。

ただし、ここに書くことを実践するには、呼吸を意識して稽古しなければなりません。

息を吸った時に力が抜けてしまわないように、逆腹式呼吸を用いて突かなければなりません。この逆腹式呼吸ができないと、吸って突いても全く効果がないので注意してください。

ここで、吸って突くことは実際の組手の場面で可能かどうか、不安になった方がいるのではないかと思います。慣れれば、吸って突くことは十分に可能だと思いますが、私は動き始めの時に一瞬だけ吸って突くことを奨励しています。

つまり、突きの最後まで吸い続けるのではなく、動き始めのほんの一瞬で良いから吸うのです。その後は、通常通り吐いて突いても構いません。この一瞬の吸気で相手の反応を一瞬だけ遅らせればそれで十分なのです。一瞬でも相手の反応が遅れれば、突きの命中率は格段に上がるでしょう。

これを「反応できない突きに反応する受けが反応できない突き」と名付けます。

話が少々ずれますが、通常膝を抜く、つまり足（脚）の力を抜くと腹の力も抜けてしまいます。足（脚）を踏んばると腹に力が入ります。実際にやってみるとわかりやすいのではないでしょうか。

しかし、私は究極の状態とは、足（脚）の力が抜けていても腹には力が入っている、つまり腹圧がかかっている状態ではないかと思っています。これを呼吸でコントロールすれば良いのです。息を吸えば足（脚）の力は抜きやすくなりますが、横隔膜を下げて腹圧をかけることも容易です。

私は、この状態で戦えることが理想ではないかと思っています。息は吐くことばかりが注目されていますが、吸うこともそれと同じくらい用途が広いのです。今後、吸うことについても十分な研究がなされることを望みます。

PARADOX 024

反応できない突きに反応する受けが反応できない突きに反応する受け —気を受け取る—

呼吸で気を消せば相手は何もできないかと言うと、そんなことはありません。僅かな気を感じ取ることができれば、反応できないことはありません。

では、どのように気を感じ取るのかと言うと、自分も息を吸えば良いだけです。股関節感覚で構え、股関節を抜く時に息を吸ってみてください。すると不思議なことに、相手が気を消して突いてきても、簡単に反応できてしまうのです。

これが出来ない人は、息を吸う時に腹の力が抜けている人だと思います。息を吸うことで腹圧がかかれば、素早く反応することが可能です。これは、通常の腹式呼吸とは異なる逆腹式呼吸ですが、空手ではこの逆腹式呼吸が頻繁に使われます。

私もなぜこうなるのかはわかりませんが、息を吐くと反応が遅れるのに、息を吸うとなぜか反応できるのです。おそらく、相手の気を受け取ることができるのではないかと思うのですが、気というものが何なのか科学的にまだ解明されていない段階では、これ以上詳しく言うことはできません。

この気を受け取って反応できる受けを、「反応できない突きに反応する受けが反応できない突きに反応する受け」と名付けましょう。

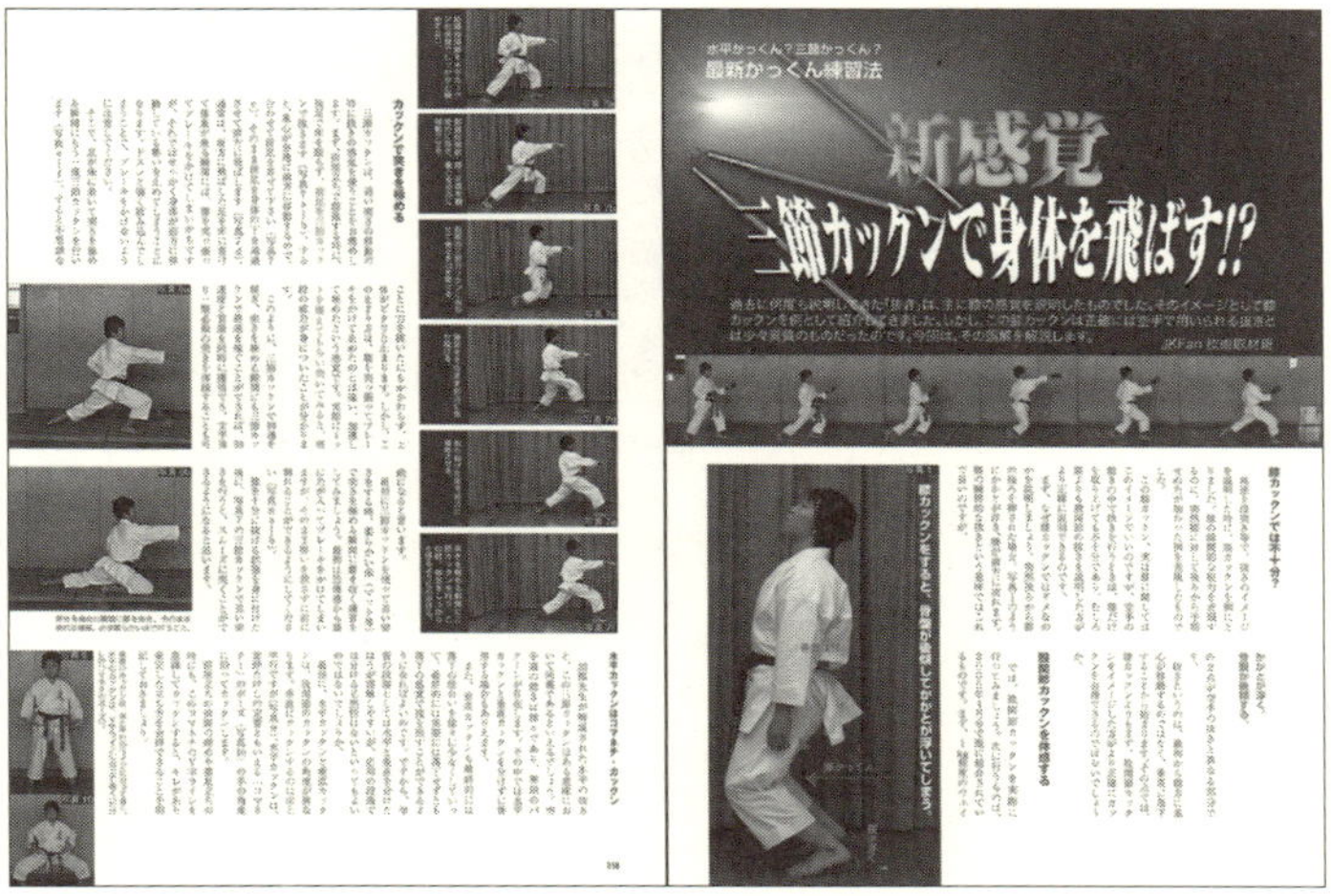
水平かっくん？三節かっくん？
最新かっくん練習法
新感覚
三節カックンで身体を飛ばす!?

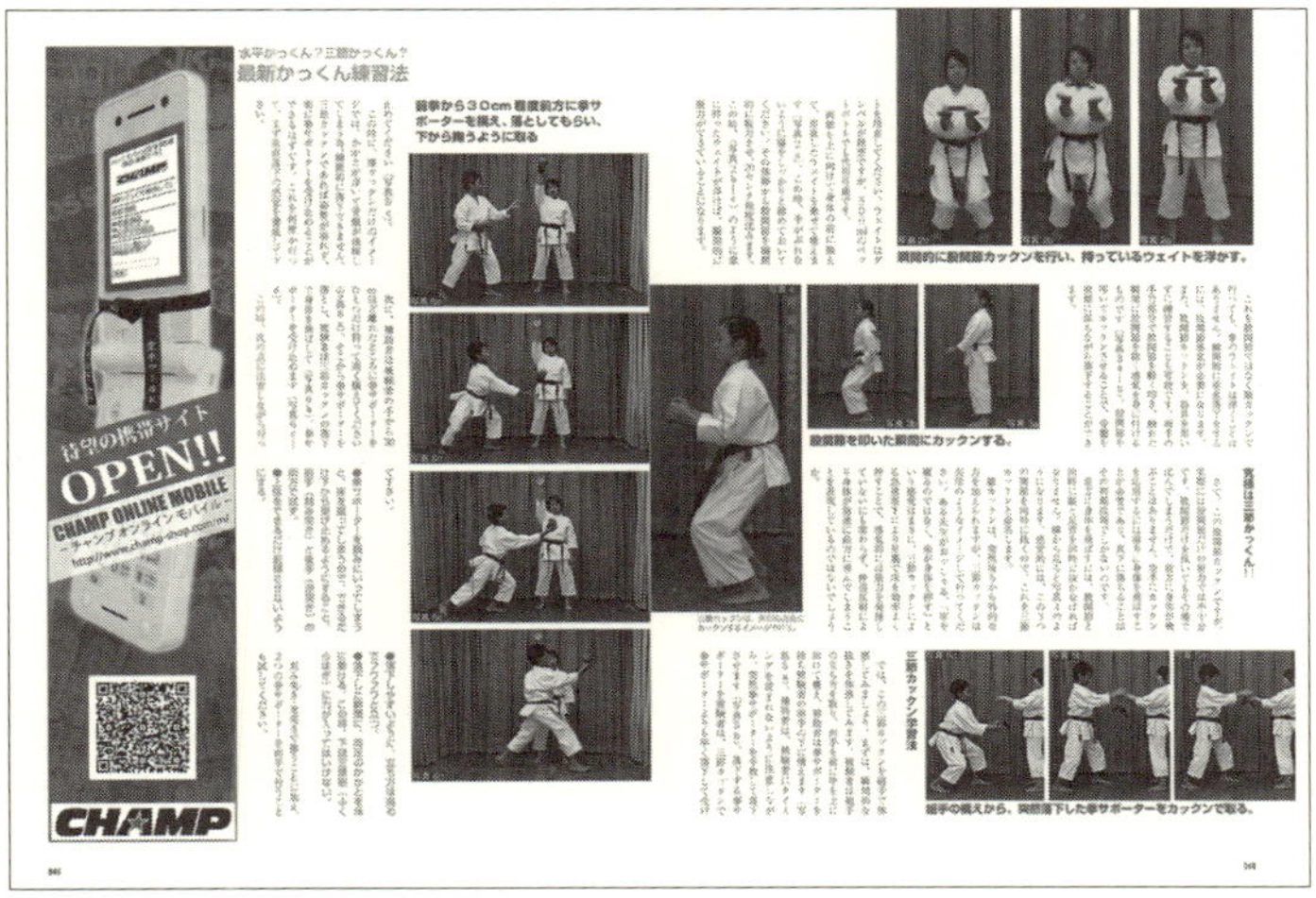
水平かっくん？三節かっくん？
最新かっくん練習法

股関節の脱力を特集
『空手道マガジン月刊 JKFan』
2008 年 1 月号 47 ページ

PARADOX 025

反応できない突きに反応する受けが反応できない突きに反応する受けが反応できない突き —肘の使い方で気を消す—

ここまで長々と面倒な名前を付けてしまいましたが、まだまだあります。

相手が反応するのは体幹だけではありません。実は他の部位にもポイントは存在するので、体幹に気を付けているだけではダメなのです。突きを例にとれば肘です。拳を捻る時に肘まで一緒に捻ってしまうと、相手に反応されてしまいます。

手っ取り早く知るには、縦拳にして突いてください。相手の反応は確実に遅れます。空手では、脇を開けて突くのは良くないとされていますが、脇を開けると突きの威力が落ちるだけでなく、相手に反応されやすくなるので、突きの命中率が大きく下がる結果になります。

しかし、反応されにくいからと、縦拳の優秀性ばかり説いてしまうと、「なぜ多くの道場は正拳で突く練習をしているのか」と反論されそうです。私が言いたいのは、拳は正拳でも縦拳でも構わないということです。

反応されない突きに関して言えば、拳は正拳でも縦拳でも構いません。要は肘を回さずに突けば良いのです。この突き方は、前腕と拳を雑巾に見立て、その雑巾を絞るようなイメージで反対方向に回す感覚です。

ただし、肘のコントロールができないと、突いた時に必ず拳と一緒に肘も回ってしまいます。これができない人は、以下のことを試してください。

写真10aのように掌を正面に向け、肘だけを90度回してみてください（**写真10b**）。その時に絶対に肩を浮かせたり、掌を一緒に回してはいけません。これができたら、今度は肩と肘を動かさずに、掌を180度回してみましょう（**写真11**）。

それができるようになったら、今度は実際の突きで肘の使い方を覚えましょう。まず肘のくぼみにコインを置き、正拳突きをゆっくりと出します（**写真12ab**）。

コインを落とさずに突けたら、今度はさらに脇にコインを挟み、脇と肘の計4枚のコインを落とさないようにゆっくりと突いてください。

このように肘に意識を集中することを段階的に練習すれば、雑巾を絞る感覚で突きを出すことができると思います。

「肩を入れずに肘を絞って突く」これが相手に反応されないための条件ですが、これ、基本の突きそのものだと思いませんか。まさに「奥義は基本の中にあり」で、我々はこの究極の突き方を、初心者の段階から学んでいることになります。

写真 10　肘だけを 90 度回す

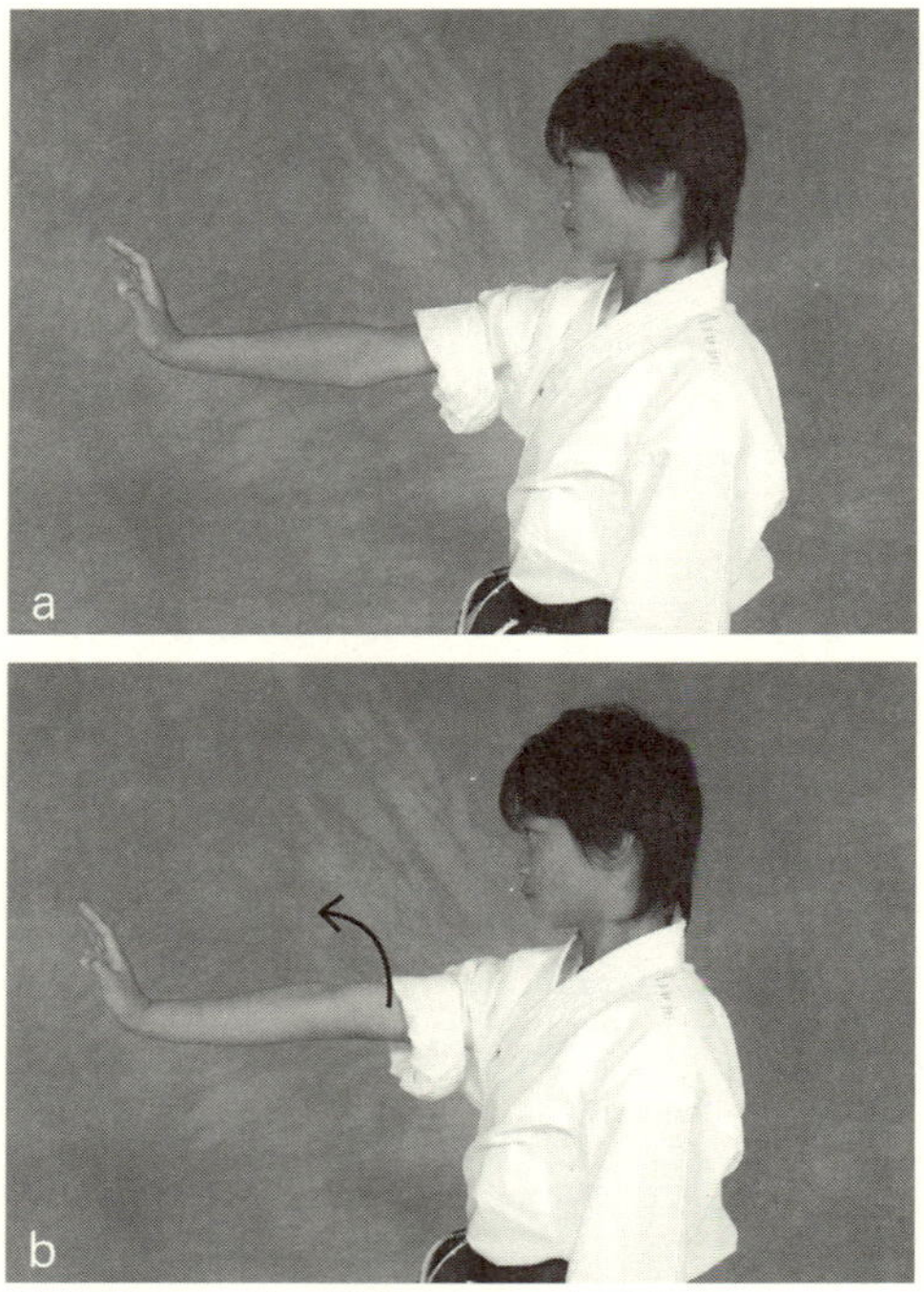

掌を正面に向け、肘だけを 90 度回す。
肩が力んだり、掌も一緒に回ってしまわないように注意しよう。

写真 11　掌を 180 度回す

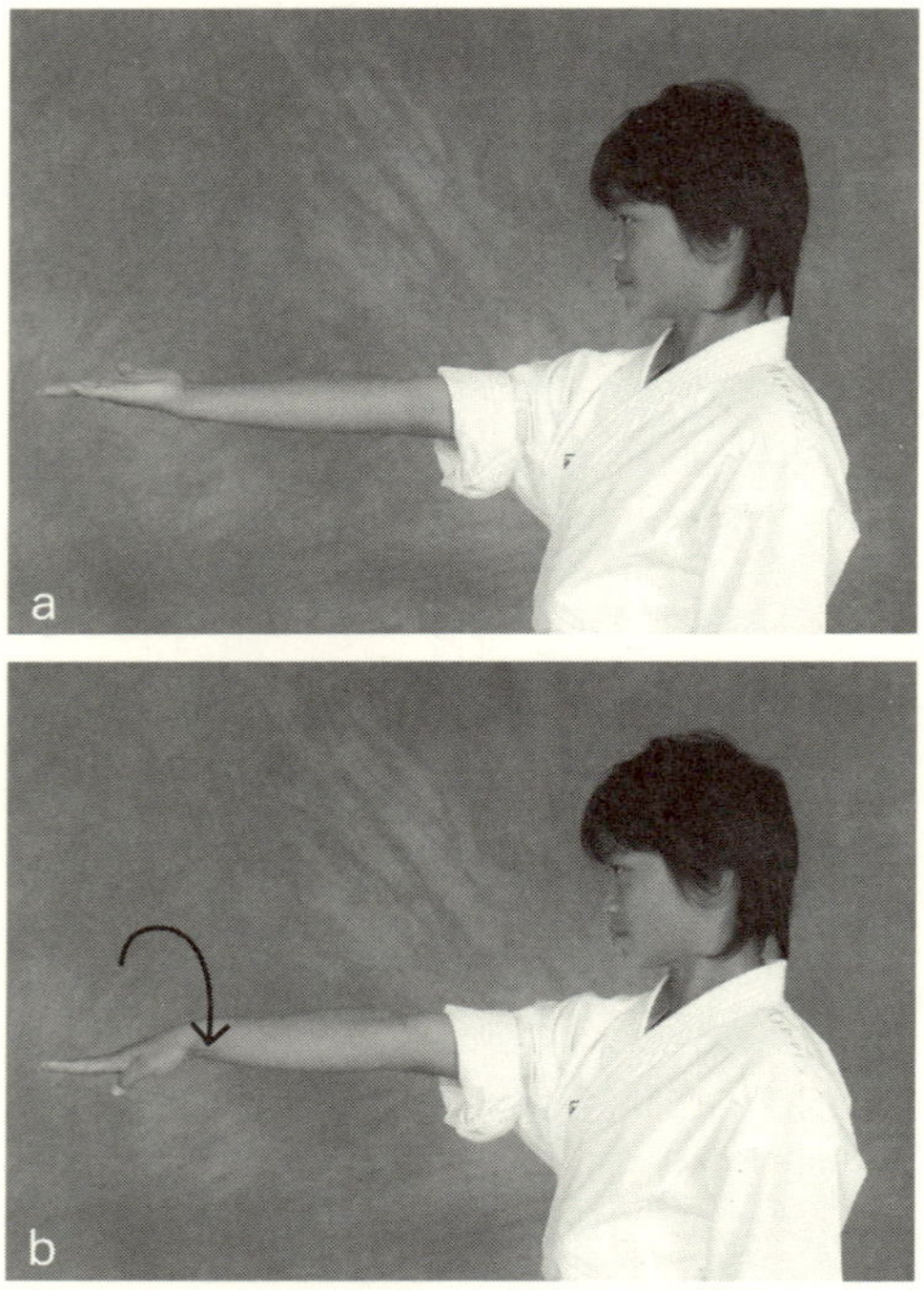

肘と肩を動かさず、掌だけを 180 度回す。

写真12　肘にコインを置いて

両肘のくぼみにコインを置いて構える。

コインを落とさないように、ゆっくりと正拳突きをする。

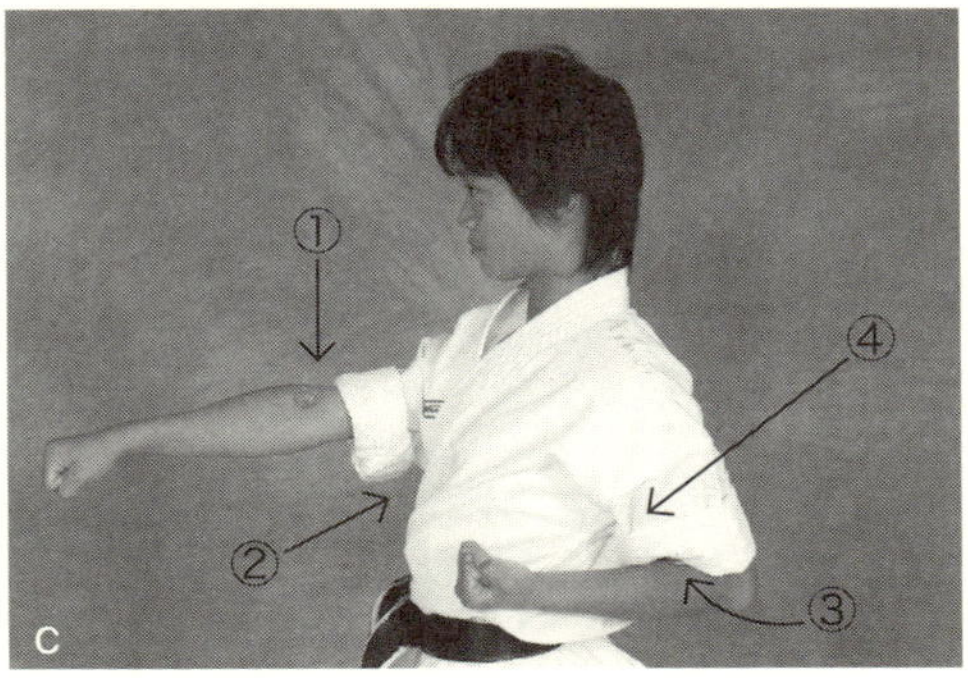

実際の突きにおける肘の使い方をトレーニングできる。
さらに左右の脇にコインを１枚ずつ挟んで、計４枚のコインを落とさないよう正拳突きをしてみよう。

④ 遠くを突くには、逆をやれ！

PARADOX 026

体は捻らない方が遠くまで突ける

日本人の突きは短いとよく言われます。しかし、今の日本人の手足は、昔と違って外国人と比べても決して短くはないのです。むしろ、世界の中では長い部類に入るかもしれないと私は思っています。

では、なぜ突きが短くなるのか。これを考えなければいけません。私は、以下の3点の理由で日本人の突きが短くなっているのではないかと思っています。

1．屈筋優位のため、拳を放り投げる感覚がない。
2．特に中段突きの時に骨盤が後傾してしまい、猫背になってしまう。
3．肩甲骨の可動域が少なく、肩甲骨を使って突くことができない。

なかでも肩甲骨の使い方が、突きが短い最大の原因ではないかと思うのです。

それでは、どうすれば遠くを突けるのか、そのヒントを書いてみようと思います。突きを遠くまで届かそうとすると、身体を捻って肩を思い切り前へ出そうとすると思います（**写真13ａ**）。

しかし、実際は自然に突いた方が突きは伸びます。身体を正面に向け肩の力を抜けば、必死に身体を捻らなくともさらに遠くまで突くことができるのです。

そう言われても、にわかには信じられないのではないでしょうか。今書かれたことをそのままやると、**写真13ｂ**のようになってしまい、よけいに短くなってしまいます。しかし、肩甲骨を使って突けば、身体を捻るよりも遠くまで拳が届くのです（**写真13ｃ**）。

肩甲骨を使って突くには、引き手の位置から両手をゆっくりと突き出し（**写真14ａｂ**）、肩甲骨を思い切り開いたところで突きを極めてください（**写真14ｃ**）。その後、片方の手を引き手の位置に戻します。この位置で突きを極めることができれば、わざわざ身体を捻る必要はありません。

日本人の突きが短いのは、基本通りに突いていないことが一番の原因ではないかと思うのです。

写真13　突きを届かせようとして…

身体を捻って肩を前に出し、届かせようとするが、届かない。

身体を正面に向けて突くと、よけいに短い突きに……。

ところが、写真13bの構えから肩甲骨を使って突けば、13aよりも長い突きができる。

肩甲骨がうまく使えるようになれば…。

写真14　肩甲骨エクササイズ

引き手の位置から、ゆっくりと突き出す。

肩甲骨を思い切り開いたところで突きを極める。片手を引き手にすれば正拳突きになる。

PARADOX 027

かかと感覚で遠くを突く

突きが長くなっても、運足が伴っていなければ相手には届きません。通常は、一歩も動かずに突きが届くところに相手はいないからです。前項の身体を捻らずに肩甲骨を使った突きに加え、運足も大切になってきますが、無理をして大きく踏み込んでも、時間的に遅れ、その分隙が生じてしまいます。そこで、必要なのが「かかと感覚」なのです。

足を踏み込む時にかかとから着地すると、同じ所要時間で通常の20～30㎝も遠くを突くことができます。競技組手でドンドンと床を鳴らしてしまうと、このかかと感覚が持てず、短い間合いでしか突きが極まりません。結果的には自然に歩く感覚で足を踏み出せば良いだけです。歩く時に、ドンドン床を鳴らして歩く人はいません。空手でも自然の動きの延長線上に技があることが大切だと思います。

それでは、実際に通常の突きと、かかと感覚の突きの違いを見てみましょう。**写真15**は、通常の感覚の突きです。そして、**写真16**はかかとからの着地を意識した突きです。なんと約20㎝も遠くを突けました。小学生のうちから競技を中心に空手を習い、突く時にドンドンと音が出るような踏み込みをしていると、自然な動きから外れ、かかと感覚がないために突きが短くなるのではないでしょうか。本来は、空手の基本的な歩法の延長線上に競技空手がなければならず、結局はそれが勝利のために最も合理的な方法であると考えます。

写真 15　通常の感覚での突き

かかとは意識せず、大きく踏み込む。

写真 16　かかとを意識した突き

前足のかかとから着地する気持ちで踏み込んだ場合、より遠くを突くことができる。

第2章　蹴りのパラドックス

CHAPTER 2　Paradox of Keri

1 屈筋優位か伸筋優位か？

蹴りも、海外の選手に比べ日本人が遅れを取っている技です。どこからどのタイミングで飛んでくるかわからない外国人同様の蹴りが出せる日本人選手は、果たして何人いるでしょうか。「日本人は手足が短いから蹴りは外国人には敵わない」という意見を聞きますが、私はそうは思いません。海外の人達と同様の感覚さえあれば、同様の蹴り方ができるはずです。

ところで、ノコギリは引く時に切れるか押す時に切れるか、ご存知ですか。また、カンナは押して削りますか？　引いて削りますか？

「引く時に決まっているだろう」と答える人が大半でしょう。当然、答えは「引く」です。ただし、「国内限定で」という条件付きです。

実は、このノコギリとカンナの刃の向きが、空手の技と密接にリンクしているのです。

PARADOX 028

蹴りは上半身を伸ばせ

私が知る限り、ほとんどの国ではノコギリは押して切り、カンナも押して削ります。引いて切ったり削ったりしている我々日本人としては、押したらちゃんと切れないだろうと思うかもしれません。しかし、世界のほとんどの地域では、日本とは逆に押すほうが自然なのです。

空手においても「押す」と「引く」の違いは明らかです。極論すれば、身体を締めることで突きを極（き）めるのは、日本という風土に育ったゆえの身体操作であると思います。海外の多くの人達は、突きは放り投げるような感じで出します。蹴りも同様で、曲げた脚を伸ばして蹴ります。ですから蹴りが極まった瞬間は胸を張り、股関節・膝・足首を真っすぐに伸ばしています。対して、足首と膝は伸びているが、股関節をあまり伸ばさずに蹴るのが日本人です。胸を閉じて背中を丸めて蹴る者も多いと思います。

空手は、突き蹴りを主体とした格技ですから、やはり伸ばす意識の強い方が有利ではないかと思います。しかし、私はこれが致命的なものとは思っていません。というのも、人間の骨格や筋肉は人種が違っても同じであり、屈筋優位でも伸筋優位でも、筋肉の構造が異なるわけではありません。そして、これは私の主観ですが、伸筋優位と屈筋優位の差は数パーセント程度、もしかしたら1パーセント以下かもしれません。

事実、純粋な日本人でも、海外で生活する者は外国人選手とまったく同じ身体の使い方ができています。つまり、日本人だから決定的に不利だということはないのではないかと思うのです。

しかし、だからといってまったく考慮の必要がないかと言えば、そうではありません。海外の選手の蹴りを真似したければ、身体の意識そのものを変える必要があります。見ただけでできるようになるには、共通の身体意識が不可欠となるのです。

ここで、海外選手の身体意識に近づくためのエクササイズを紹介しましょう。蹴りの基礎は、脚を思い切りたたむことと思い切り伸ばすことです。この動作を円滑に行なうことができれば、あらゆる蹴りを駆使できるようになります。

そこで、まず思い切り脚をたたむことを学びましょう。足を横に振り上げる時に膝を思い切りたたみます（**写真１**）。この時上半身はできるだけ小さくし、腹筋が伸びないように注意してください。そこから股関節・膝を思い切り前方に伸ばします（**写真２**）。関節を伸ばす時に、できるだけ上体も伸ばすようにしてください。肩甲骨を寄せ、胸を張る力で足を飛ばす感覚が良いと思います。

この蹴りは、最初に膝をかい込むのでガードを兼ねることができ、加えて直線的に蹴れるので時間的にも早くなります。近距離の場合には、異なる蹴り方が必要になりますが、通常の間合いではこの方法がより望ましいと思います。

写真１　思い切り脚をたたむ

上半身はできるだけ小さく縮め、腹筋が伸びないようにしよう。

写真２　股関節、膝を思い切り伸ばす

思い切り脚を伸ばす。その時、肩甲骨を寄せて胸を張り、上半身もしっかり伸ばす意識を持とう。

②強い蹴りは、軸足で蹴る

蹴りの練習をひたすら行なうよりも、まず根本的な身体の使い方から習うことが望ましいと思います。蹴りは、前項で説明したように、肩甲骨と骨盤の動かし方にポイントがあります。さらに、軸足の股関節が重要になってきます。

ムエタイの選手の蹴りは、細い脚をしている選手でも、相手を吹っ飛ばすような威力があります。時に、軸足が宙に浮いてマットから離れているので、床からの反力を利用しているわけでもないと思うのですが、素人が受けたらただでは済まないと思うような凄さです。

彼らを見ていてわかることは、強い蹴りに太い脚は必要ないということです。あくまでも全身の運動量を相手との接触部に集中すれば良いのです。私は特に軸足の使い方に重点を置いています。

蹴りの威力には、「軸足」の使い方が大きく関わってくるのです。

PARADOX 029

蹴りの威力は軸足が決める

私は、蹴りの威力を決めるこつは、蹴る方の脚よりも軸足の使い方にあると思っています。軸足でしっかりと床を押すことができるか、股関節は外旋しているか等が強い蹴りの条件ではないかと思います。

この軸足の踏ん張りは、決して床を力一杯押して反力を蹴り足に伝えているだけではありません。私は、蹴りが極まる時は、むしろ軸足の股関節・膝関節・足首の力を抜いているべきだと思っています。軸足の力を抜いて、蹴りが極まる瞬間に全体重を蹴り足に乗せることが強い蹴りを出す条件だと思います（**写真3**）。

軸足の操作がしっかりできれば、たとえ軸足が宙に浮いていたとしても、相当に強い蹴りを出せるはずです。むしろ、身体全体が空中にあることで摩擦を最小限にする分、回転のロスが少なくなり、強い技となるでしょう。

ですから、たとえ軸足が床に付いていなくても、軸足をしっかりと使っていれば体勢の安定につながり、結果的に強い技を出すことができます。

軸足を強くする練習方法を一つ紹介しましょう。ステップマスターを使って行なうものですが、片脚をかい込み、膝をできるだけ高く上げたままランダムにステップしてください。この時に注意すべき点は、軸足のつま先が後ろを向いていることです（**写真4**）。股関節を外旋させ、その状態でランダムにステップできるようにします。これを片脚30秒から1分間程度、連続して行なうようにします。

軸足のつま先がなかなか後ろを向かない人は、おそらく肩甲骨が開いたままになっているのではないでしょうか。そんな時は肩甲骨を寄せると、股関節が外旋しやすくなり姿勢も安定します。

次に、片脚をかい込んだままステップし、蹴ってみてください（**写真5**）。回し蹴りだけでなく、裏回し蹴り、後ろ蹴り等、様々な蹴りに挑戦すると良いでしょう。

写真３　蹴りに全体重を乗せる

蹴り出す瞬間は、軸足で床を押す。

インパクトの瞬間には、軸足の股関節、膝関節、足首の力は抜き、蹴りに全体重を乗せる。

写真4　ランダムステップ

a

ステップマスターを踏まないように、片脚立ちでランダムにステップする。

b

軸足のつま先は、つねに後ろを向いているように。

写真5　ステップから蹴り

a

ステップしたら蹴りを。

b

様々な蹴りに挑戦しよう。

③足で蹴らずに骨盤で蹴る

私は、日本人が蹴りを苦手にしている理由は、骨盤の操作ができないからだと思っています。たとえば、上段を蹴る時には、足（脚）だけを高く上げるよりも骨盤を傾けることができれば、高さも威力もより得られるでしょう。そのために、「尻歩き」を定期的に行なうことをおすすめします。

高い蹴りも強い蹴りも、ポイントは骨盤にある。

PARADOX 030

蹴るために尻で歩く

骨盤回りの強化は、すべての空手の動きに役立つものです。特に蹴りは、足（脚）で蹴るよりも骨盤で蹴る感覚が必要です。骨盤の延長線上に脚があり、骨盤の動きを最終的に足に伝達したものが蹴りであると考えれば、わかりやすいかと思います。

まず、座った状態から両脚を上げて、尻だけが床に付いた状態を作ってください。上半身をできるだけ使わないために、頭の後ろで手を組むとさらに良いと思います（**写真6a**）。この体勢のまま尻を動かして前進・後退を行なってください（**写真6bc**）。この体勢でまったく動けない人は、筋力ではなく姿勢に問題があるのではないでしょうか。背中が丸くなっているとなかなか進むことができません。この場合は、肩甲骨を寄せると姿勢が真っすぐになると思います。

最低でも、連続して5メートルは前進・後退ができるようにすると良いでしょう。前進・後退の次は、その場で3回転してみましょう。早い人は3秒程度で1回転できるはずです。

写真６　骨盤の「尻歩き」エクササイズ

尻だけが床に付いた状態を作り、骨盤を動かして前進、後退する。

④ 蹴りの上達にはハードルを跳べ

通常、関節というのは一方向にしか曲がりません。しかし、肩関節と股関節だけは球状になっており、グルグルと回るようになっています。よく、稽古の時に開脚をしますが、たとえ180度きれいに開脚できても、それは一方向に対してのみ開いているわけですから、「180度の開脚ができる＝高く蹴れる」ということにはならないと思います。

そこで大いに参考になるのがハードルです。ここでは陸上競技のハードルの練習をヒントに、蹴りのエクササイズを考えてみました。

PARADOX 031

蹴りの上達には、ハードルを跳べ

最も蹴りに適した練習は、陸上競技のハードルだと思います。ハードルを跳ぶ時には片方の脚は真っすぐに伸ばし、もう片方は膝を曲げて横にかい込んでいます。ハードルを跳べば股関節の可動域が広がり、それに応じた筋力も付きます。

このように、股関節を回す訓練をしておかないと、組手での様々な体勢から自在に蹴りを繰り出すことは難しいでしょう。ですから、開脚自体は無駄だとは思いませんが、蹴りのための柔軟性と筋肉の強化を図るには、ハードルを跳ぶか、それに類した稽古を行なうべきではないかと思います。

家でも道場でもできる蹴りのエクササイズを紹介しましょう。まず、自分の腰の高さの椅子か台を用意してください。慣れている人は、折りたたみ椅子をたたんだまま使用しても結構です。それを身体の横に置いて、手を添えます（**写真7a**）。次にできるだけ膝をたたみます。可能な限り後ろから脚を回して、椅子の上を通し（**写真7bc**）、前に降ろします（**写真7d**）。

これを連続して30回から50回行なってください。後ろから前に3セット程度行なったら、次に前から後ろに3セット、同回数を回してみてください。定期的にこれらのエクササイズを行なうと、組手の時に蹴りの出る回数が飛躍的に増えます。

伝統的な稽古でも、脚を横にかい込んで蹴るものがありますが、蹴るための筋肉の強化も図ることができ、有効なトレーニングとなります。

写真7　椅子の横に立つ

⑤ 3次元の蹴りは軸足の使い方次第

肩関節と股関節は多方向に動きますが、肘や膝は一方向にしか曲がりません。ですから、蹴りの軌道を変える時に、膝で軌道を変えようとするのは非常に危険です。

すべての蹴りの軌道は股関節、とりわけ軸足の股関節でコントロールすべきです。蹴りの威力を左右するのは軸足の使い方であると前述しましたが、軌道もまた軸足の使い方でコントロールでき、あらゆる角度からの蹴り、つまり3次元の蹴りが可能になります。

軸足の股関節が外旋している蹴り。

PARADOX 032

蹴りの軌道は軸足で決める

通常、どの蹴りも膝をかい込むまでは同じ動きをします。かい込んだ時点で相手の構えや反応を見て、上段か中段か、前蹴りか回し蹴りか、あるいは裏回し蹴りかを判断します（写真8a～d）。

加えて、回し蹴りと裏回し蹴りは、側面からのみでなく上から落とすことも有効になります。なぜなら、反応の良い相手は、側面からの蹴りは簡単にガードできるからです。前蹴りは下から、通常の回し蹴りと裏回し蹴りは横から、しかし時にはそれらの蹴りを上から落とすという風に、広角的な蹴りを駆使できれば極まる率がより向上します。

それでは、軸足で軌道を変える蹴りを2種類紹介しましょう。

まず、正面を向いて膝をできるだけたたんで上げます。膝が胸に付くくらい上げることができればさらに良いです（写真9ab）。次にかい込んだ脚を思い切り上方に伸ばします（写真9c）。そして、上方に振り上げた脚を伸ばしたまま、できるだけ遠くに降ろします（写真9d）。この時、肩甲骨を有効に使って行なってください。

ここからが、本番になります。脚を上方に振り上げるまではまったく同じですが、脚を降ろす時に軸足の股関節を180度回転させ、軸足のつま先を後ろに向けてください。すると、蹴り足は先程と同様に上げ下ろししているのに、降ろす時に軸足股関節を外旋させると脚が斜めに振り下ろされます（**写真10ｂｃ**）。これを左右連続して行なってみてください。

もうひとつに、縦蹴りです。最初に脚を伸ばして前方に振り上げます。脚が最も上がった時点で、膝を曲げ、それと同時に軸足の股関節を１８０度外旋させてください。すると蹴り足は縦方向に回転し、上から落とすような軌道に変わります（**写真11ｃ**）。

これら３次元の蹴りを行なうにあたり注意する点は、膝の位置を高く維持できるかどうかです。膝の位置が低いと、上から落とすような蹴りが出ません。ですから、かい込み時に膝の位置を高くし、膝の高さをキープしながら蹴れるように心がけてください。

写真８　かい込みから…

写真９　「３次元の蹴り」エクササイズ

思い切りかい込んだ脚を、なるべく上へ伸ばし、伸ばしたまま振り下ろす。
肩甲骨の使い方がポイント。

写真10　軸足の外旋

蹴り足を振り下ろす時、軸足の股関節を外旋させる。

写真11　縦蹴り

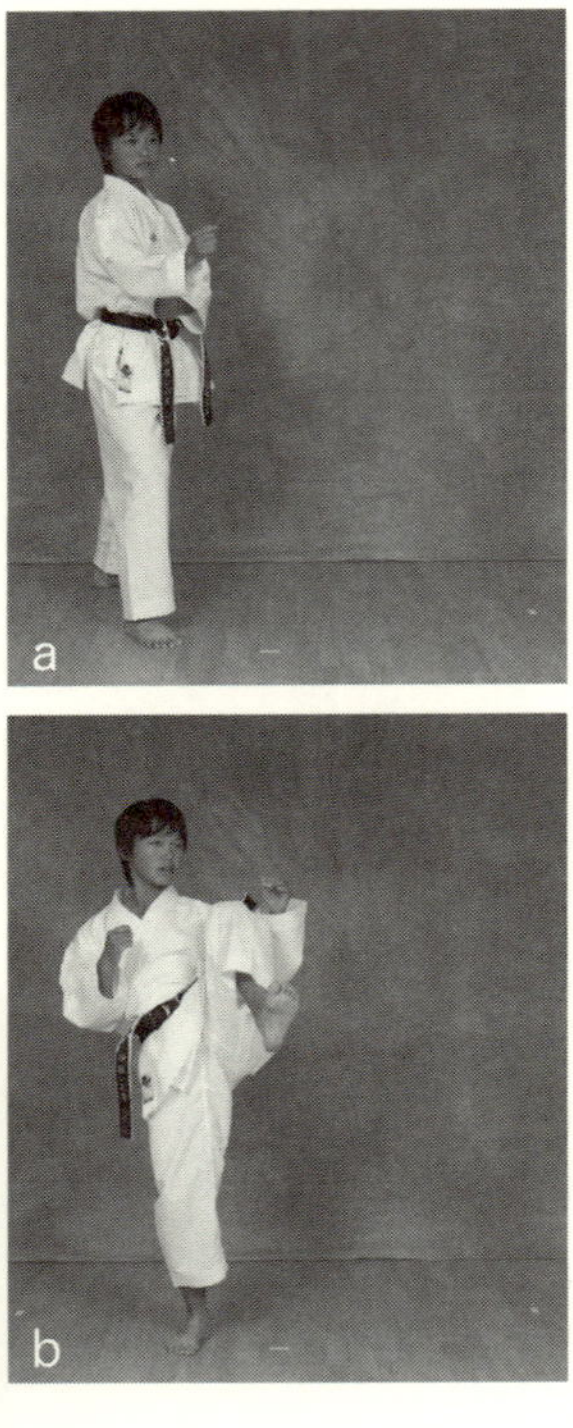

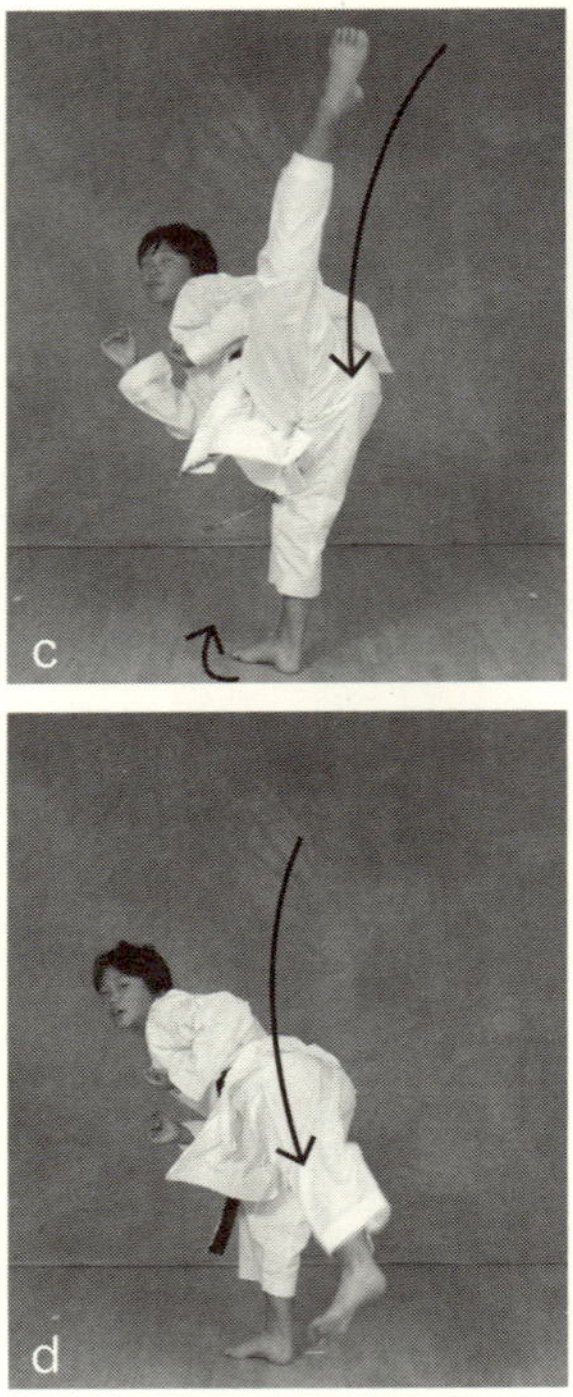

蹴り足が最も高く上がった時、膝を曲げ、同時に軸足の股関節を外旋させる。

⑥ 股関節の内外旋で距離を調整する

軸足の股関節が大切な理由は、軌道を変えられるからだけではありません。距離も自在にコントロールすることができるのです。ここでは中段蹴りで検証してみましょう。

縦横無尽！
三次元の蹴り習得法
―こつは軸足股関節の内・外旋―

股関節のトレーニングを特集
『空手道マガジン月刊 JKFan』
2011 年 6 月号 52 ページ

PARADOX 033

距離は股関節で調整する

写真12ａｂは股関節を意識せずに蹴ったものです。それが、軸足股関節を外旋させて蹴ると、約30㎝も遠くを蹴ることができます（**写真13**）。反対に近くを蹴るには、股関節を動かさず、膝を十分にかい込んで蹴れば良いのです（**写真14**）。

脚の長さは同じでも、股関節の調整でこれほど距離に差が出てくるわけです。通常の稽古でも漠然と蹴らず、股関節を意識して、遠い間合いの蹴りや近い間合いの蹴りを稽古することをおすすめします。

写真 12　股関節を意識せずに蹴る

股関節を意識せずに蹴ると、遠すぎて蹴りが届かなかったり、近すぎたりすることがある。

写真 13　股関節の外旋で蹴る

写真 12 と同じ距離から、軸足の股関節を外旋させながら蹴ってみると、相手の中段へ確実に届く。

写真 14　膝のかい込みで蹴る（近距離）

相手との距離が近ければ、軸足の股関節を動かさず、膝を十分にかい込めば良い。
軸足の股関節を外旋させていないので、つま先は前を向いている。

7 蹴りは肩甲骨で蹴る

蹴りは、言うまでもなく足（脚）を使います。足が目標に接触して技が成立するわけですが、より高いレベルでの威力の追求や軌道の調整は、むしろ上半身をどれだけ有効に使うことができるかが鍵となっていると思います。

特に、肩甲骨は骨盤の操作にも関連しているので重要です。極論を言えば、ある程度蹴りが仕上がってきたら、肩甲骨を最も意識して蹴りの稽古を行なうべきではないかと思っているくらいです。

PARADOX 034

肩甲骨が蹴りを決める

さて、肩甲骨はどのように下半身に影響するでしょうか。蹴りは股関節の外旋が重要だと、再三にわたり説いていますが、股関節の外旋は肩甲骨を寄せると円滑に行なわれます。蹴る時に肩甲骨が開いてしまうと、姿勢が崩れ身体が「く」の字に曲がって脚が落ちてしまい、うまく蹴ることができません（**写真15**）。

回し蹴りや後ろ回し蹴りなど回転系の蹴りは、極まった時に軸足のつま先が真後ろを向いていることが好ましいと思います。そうすることで、身体が伸びて腰が入り、膝が落ちないので、高く遠くを蹴ることができます。さらに肩甲骨を寄せると、より良い姿勢で蹴ることができるのです。

私は、基本の時に必ず引き手を取るのは、この肩甲骨の操作を学ぶ上で非常に効果的だと考えています。ただし、「引き手」という言葉に惑わされないように気を付けてください。引き手は「引き肘」であり、最終的には「寄せ肩甲骨」なのです。

引き手を取ることで、組手の動きに多様性が出てきます。引き手を利用して間を切ることもできれば、間を詰めることもできる。また、回り込んだり素早いコンビネーションには、引き手は欠かせないというわけです。慣れてくれれば、引き手を取らなくても肩甲骨で同様の操作ができますから、防御の点でもそれほど心配することはありません。

よって回し蹴りや裏回し蹴りなどは、目いっぱい膝をたたんだら、肩甲骨を寄せて胸を張り、その時に軸足股関節を180度外旋し、つま先を真後ろに向けることで、足を飛ばすように蹴ることが重要ではないかと思います。

写真15　身体が「く」の字に

肩甲骨が開いたままだと、姿勢が崩れ、蹴る時に身体が「く」の字のように曲がってしまう。

写真16　正しい姿勢

肩甲骨を寄せると胸を張れる。さらに、軸足の股関節を外旋し、理想的なフォームに。

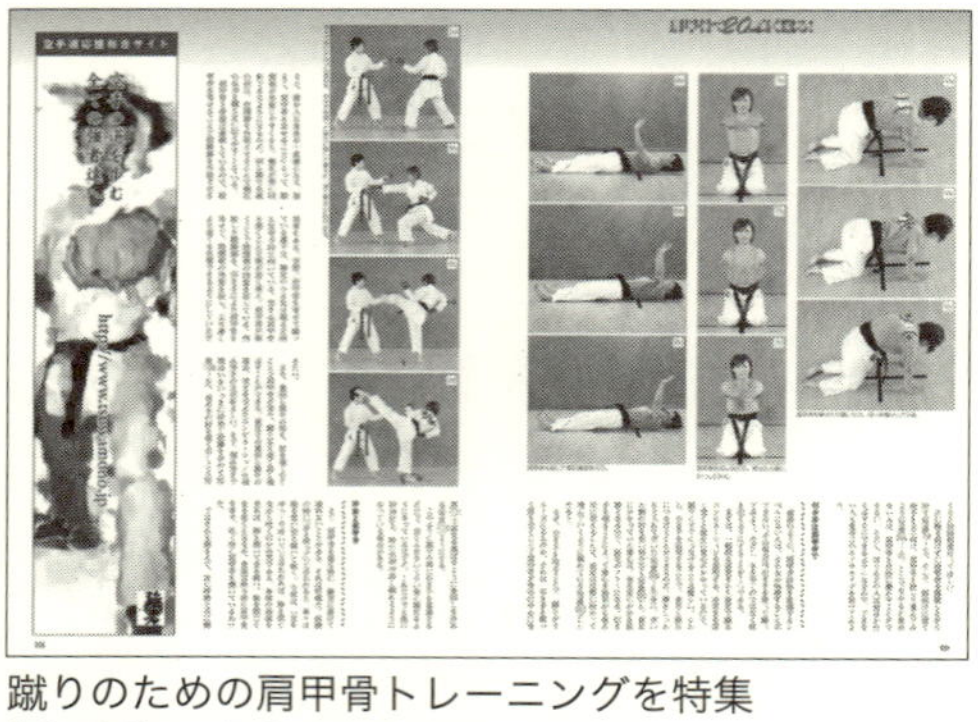

蹴りのための肩甲骨トレーニングを特集
『空手道マガジン月刊 JKFan』
2007年10月号21ページ

⑧ 膝のかい込みは膝を意識しない

蹴りにも反応されやすい蹴りと反応されにくい蹴りがあります。反応されない蹴りを身に付けるには、膝のかい込みが重要な要素です。しかし、膝をかい込む時、膝そのものを意識してはいけません。膝を意識すると反応されやすくなる恐れがあるからです。

反応されない蹴りを身に付けるには、次の2点に注意して膝をかい込むようにしてください。これができれば、前蹴りを実戦で簡単に極めることができるようになるでしょう。

PARADOX 035

股関節を意識する

膝をしっかりとかい込むと反応されにくくなります。ただし、単に膝をかい込むだけではありません。かい込んだ時に腰を前に出さないようにすることが肝心です。

なぜならば、突く時の肩のポイントと同様に、蹴りも腰のあるポイントが動くと反応されてしまうからです。そのポイントとは、写真17に示した箇所で、大転子の少し内側の点です。たとえば**写真18**のように、膝をかい込む時に腰を押し出してはいけません。これでは動いた瞬間に相手に反応されてしまいます。基本通り、**写真19**のように、かい込んだ時点では腰はまだ押し出さないように注意してください。

最近、前蹴りでポイントを取る選手が少なくなりました。これは、体力的にも技術的にも、膝のかい込みが弱くなっているからではないでしょうか。

私は、前蹴りを指導する時は、「膝をしっかりとかい込むように」とは言いません。なぜならば、膝を意識すると、かい込み時に腰が前に出てしまい、反応されてしまうからです。それよりも「股関節を曲げるように」と指導すると、膝に意識が行かない分、姿勢が崩れません。また、膝を引き上げるのは腸腰筋ですから、股関節を意識した方が効果的に腸腰筋を使い、より良い蹴りを出せるようになります。

写真 17　相手が反応するポイント

かい込みの際に大転子の少し内側が動くと、相手は反応しやすい。

写真 18　反応されるかい込み

写真 19　腰は押し出さない

PARADOX 036

かかとを意識する

相手に反応されないために、かい込む時に注意しなければいけない箇所がもうひとつあります。それは足です。できる限り足を相手に見せないように蹴るのです。

たとえば、前蹴りで膝をかい込む場合、**写真20**のように膝よりも足が前にあってはいけません。**写真21**のように、できる限りかかとを尻に付けるつもりでかい込むと良いでしょう。

ここまで再三にわたり説明をしてきましたが、人間の動きは本能的に反応するポイントや軌道・姿勢があります。そこに気を付けない限り、スピードがあっても相手には簡単に反応され、合わされてしまうのです。かかともそのひとつで、かかとを尻に付けるつもりで、最後まで相手に見せないように蹴ると、相手の反応が遅れます。回し蹴りの時も、かい込みはただ膝を上げるだけでなく、できる限り曲げてください（**写真22**）。

では、なぜ足を見せると反応されるのでしょうか。それは、足の動きでその後の蹴りの軌道が容易に予想されるからです。膝の動きからはその後の軌道はわかりません。しかし、足はごまかすことができないのです。

足で蹴りの軌道が容易に予想される。これは、機転を効かせば意図的に足の動きを見せることで裏をかくことも可能です。足を見せて相手にその後の軌道を予想させ、その予想を外すという方法です。

基本の蹴りの時は、徹底してかかとを尻に付けるように注意しなければいけませんが、実際に使う時は足を意図的に見せることも作戦のうちではないかと思います。

写真 20　膝より足が前にある

写真 21　かかとを尻の方へ

写真 22　足をなるべく見せない

軌道を読まれないためには、足はなるべく見せない。一方、裏をかくため、あえて足を見せることもできる。

第3章　ディフェンスのパラドックス

CHAPTER 3　Paradox of Defence

① 受けに腕力はいらない

受けるためには、歩く力があれば十分です。歩く時に腕を振る要領で受ければ、すべての技は最強となります。ですから、正しく歩くことが空手上達の絶対条件です。

また、構えに関してもこれまでは「自分の正中線を守り、相手の正中線を崩すこと」に主眼が置かれてきましたが、身体を真横にして構えると、正中線上に構える必要がなくなります。また、同じ位置に立っていても、構え方によって20㎝も得をすることは、これまで知る人が少なかったでしょう。

まず、動く前の構えで絶対的に優位に立つ。受けは歩く力だけ。これがわかれば、鉄壁の防御を身に付けることができるでしょう。

PARADOX 037

歩けば最強の受けになる

第1章「突きのパラドックス」でも同様の説明をしましたが、受けも歩く力さえあれば十分です。それ以上の力はかえって邪魔になります。ただ、突きとの違いは基本的に腕を横に振ることです。まず、腕を横に振って歩いてみましょう（**写真1ａｂ**）。歩く感覚を確認したら、パートナーの腕に歩きながら下段払いをしてみましょう（**写真2ａ～ｃ**）。突きと同様に、腕を曲げて伸ばす力で受けるよりも、腕を振った方がはるかに強い受けになっているはずです。受けによって相手の腕にダメージを与えることすらできます。下段を受ける場合は、内から外に受けても、外から内に受けても結構です。腕を横に振りさえすればそれで最強の受けになりますから。

次に中段を受ける場合ですが、腕を横に振りながら受けると感覚がわかるでしょう（**写真3ａ～ｃ**）。手刀受けも同様に受けることができます。

この方法で強い受けができない人は、タイミングが間違っているか、過剰に力を使っているか、どちらかでしょう。強く受けようとする意識がありすぎると、かえって無駄な力を動員して、結果的に弱くなってしまいます。

写真１　腕を横に振って歩く

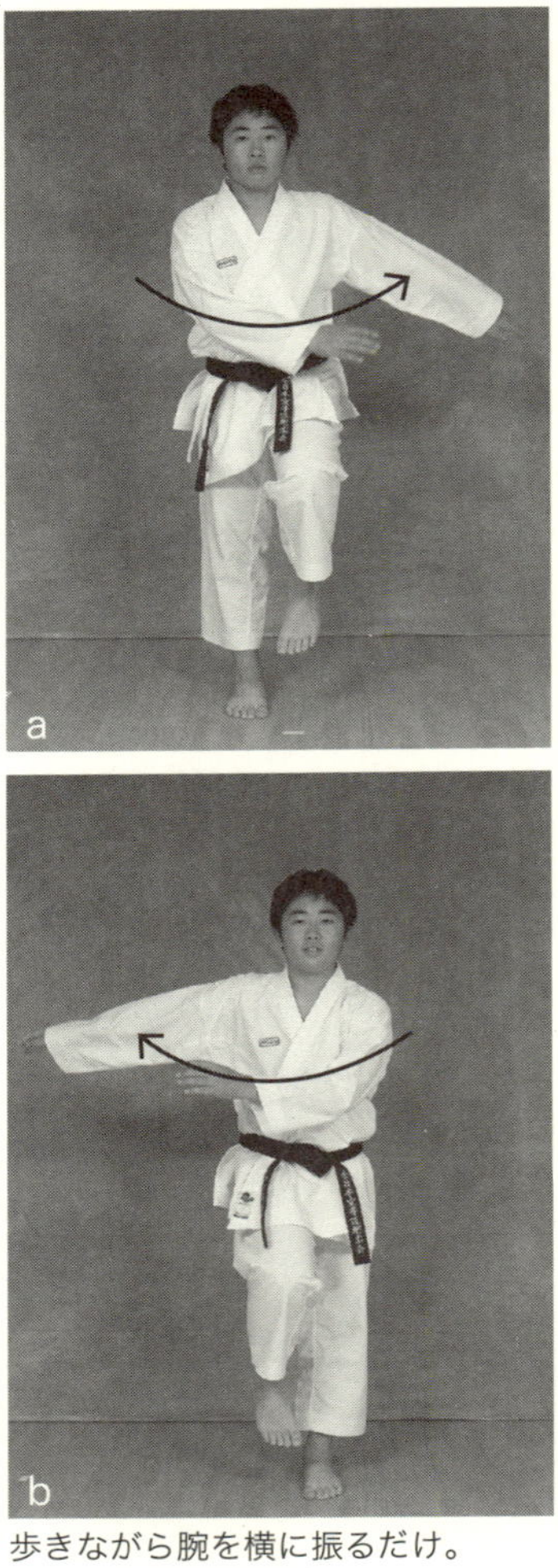

歩きながら腕を横に振るだけ。

写真２　歩きながら受ける

写真１の感覚で、歩きながらパートナーの腕を払ってみる。威力の違いがわかるはずだ。

写真３　中段受け

写真１のように歩きながら腕を横に振り、そのまま中段受けにしてみよう。

PARADOX 038

挙げ受けは胸で受ける

受けの中で、少々異なるのが上段挙げ受けです。上段挙げ受けに関しては、腕は横に振らず、通常の振りで結構です。歩きながら前足を踏み出した時に、腕を振り上げるのです。しかし、挙げ受けに関してはもうひとつポイントがあります。受ける時に胸を広げるとさらに強くなります。詳しく言えば鳩尾（きゅうび＝みぞおち）を開く感覚です。

ある技を行なう時に特定の一点を意識するだけで、威力が信じられないくらい増す時があります。挙げ受けの場合は、鳩尾なのです。

写真４　腕を意識した受け

写真５　鳩尾を意識した受け

鳩尾を開く意識を持ってみよう。写真４と５は見た目には大きな変化がないが、正確な意識ができれば、威力が格段に増す。

PARADOX 039

手の重みだけで受けるのが最強

さて、もうひとつ、強く受けるためのこつがあります。それは手だけで受けることです。ここで、反論したいと思った読者は多いのではないかと思います。まあ、この本のタイトルがパラドックスですから、みなさんが考えていることの反対を言えば、そして、そのことでみなさんが反論したくなったら、まさに「我が意を得たり！」というところです。

では、この「手だけで受ける」とはどのようなことか説明しましょう。たとえば私の好きな技に、突きを叩き落とすものがあります。手を高く構え、相手が中段を突いてきた時に突きを叩き落とすのですが、全身を使って受ける必要はありません（とは言っても手を意識しているだけで、実際には全身を使っているのですが）。

手の重みだけを感じて、目標に向かって落とすだけで良いのです。その時に、あるポイントがあります。手を上げた時に手の重みを感じ、身体中の力を瞬間的に抜いて落下させるのです。うまく行かない人は、脱力後に手を落下させていませんか。どの技にも言えることですが、強い技を出すにはタイミングがすべてです。このタイミングを感覚的にものにするまでやってみてください（**写真7ａｂ**）。

私は、ほとんどの技は手から先に始動するべきだと思っています。突きも受けも手が先に飛び、上体がついてきて技に全体重が乗れば、速くて重い技になるのです。

その点で、この瞬間脱力による落下で叩き落とす受けは、下方向だけでなく横方向や上方向にも同様の身体操作で行なうことができます。

たとえば裏拳打ちの場合、腰の力を十分に使って拳を飛ばすことは基本中の基本ですが、脱力して関節をうまく使い、しなりを利用して強い技にできます。慣れてくれば拳を先に飛ばすことで威力がさらに増します。突きも同様ですが、基本は腰をしっかりと使って全身で技を出すようにしますが、タイミングを感覚的に身に付ければ、手先を飛ばす方が速いだけでなく強い技となるのではないでしょうか。

打撃は、鞭のように身体中の関節をしならせて最後に接触部位が目標に当たる場合もあれば、接触部位が先に走り、その後に他の部位が追従して目標に当たる場合もあります。同じ技でも、状況に応じて使い分けが必要になるので、これら両方の使い方が出来るよう稽古を積んでください。

手が先に飛び、上体がついてきて全体重が技に乗れば……。

写真６　全身を使って叩き落とす

全身で力いっぱいたたき落とす。相手の拳は落とせるが、体勢までは崩せない。

写真７　手の重みだけで叩き落とす

手の重みを感じ、瞬間脱力と同時に手を落とすと、写真６よりはるかに大きい力を相手に伝えられる。

② 構えは盾と槍

日本人と外国人の組手の構えを比較すると、あることが根本的に異なっていることがわかります。それは、半身に構えるかどうかとか、両手のガードはどうするかという基本的な構え以前の問題のような気がします。

それは、その民族が歩んできた戦闘の歴史が遺伝子の中に刻まれており、それを理解しなければ「なぜ、そうするのか」を真に理解できないのではないでしょうか。

PARADOX 040

日本と海外、構えの比較

日本人の構えは剣を前提としていることに異論を唱える人はいないでしょう。正中線上に両手を置き、自分の正中線を守りながら相手の中心を崩していくスタイルです。剣はそれ1本だけで受けて切るようになっているので、剣が拳に代わっても根本的な考えは一緒なのです。簡単に説明すると自分の身体の前に両手を置いて、自分の正中線を守りながら相手の正中線を崩していくという感じでしょう（**写真8**）。

対して海外では、1本の剣ですべてを行なう意識はないように思います。どちらかというと、前の手を盾にして、後ろの手は槍のイメージです。武器を持たない徒手空拳の戦いには、盾はありません。前腕を盾の代わりにして身を守るのです（**写真9**）。

前腕の後ろに上体を隠し、盾の後ろに槍を隠し持っているというイメージがわかりやすいと思います。当然、後ろの手は瞬時に槍から盾に変えることが可能で、その時は前の手が盾から槍に変わります。

両者を比較すると、「身体の前に手を置く」日本のスタイルに対し、「手の後ろに身を隠す」のが海外のスタイルと言えます。

写真９　海外の選手に多い構え

前腕の後ろに上体を隠す。
盾と槍のイメージ。

写真８　日本人的な構え

身体の前で正中線上に拳を置き、相手の正中線を崩していく。
剣のイメージ。

PARADOX 041

ガードとブロックの違い

ディフェンス（防御）には、ガードとブロックがあります。構えはいわゆるガードと言われるもので、できる限り相手が攻撃しにくく自分が攻撃しやすい態勢を取ります。ブロックは、実際に相手の攻撃を防ぐ行為です。

ガードが鉄壁であれば、ブロックは必要ありません。反対に、確実にブロックできればガードはなくても大丈夫でしょう。しかし、戦いにおいて絶対はありませんから、万全を期して鉄壁のガードと確実なブロックの双方を心掛けるべきです。

さて、ここまでは誰でも容易に理解できると思います。しかし、ガードについては、発想次第でもっと安全に攻撃を防ぐことができて、かつ確実に自分の攻撃技を極（き）めることができるのです。一般的には、空手は正眼の構えをベースに構えるでしょう。しかし、身体を正面に向けるか半身に構えればそれでも良いのですが、真横に構えると正中線をカバーする必要はなくなります。

構え方はある程度の基準が必要ですが、本来は相手によって、または作戦によって変えるべきものです。私がよく指導する構えは、相手の得意技を封じることを主眼に置いています。たとえば、中段突きが得意な相手に対しては、正中線上に手を置かずに、相手の肩口に手を向けておくと、相手は手が出せなくなります。

最も得意な技を封じることができれば、相手の得点力は半分以下になり、試合を優位に進めることができます。また、相手が突く直前に、相手の手と目標（自分）を結ぶ線上に手を置くと、相手は手が出せなくなります。これができると、相手の攻撃回数が従来の2～3割にまで減ってしまう場合があります。攻撃の回数が減れば、得点の機会も減るわけですから、勝率は大きく上向きます。

このように、ガードは今以上に研究されてしかるべきではないかと思います。

チャンピオンの技術を「盾と槍」で分析した記事
『空手道マガジン月刊 JKFan』
2007 年 12 月号 24 ページ

真横の構えとその組手を特集
『空手道マガジン月刊 JKFan』
2013 年 1 月号 100 ページ

PARADOX 042

動かずに間合いが遠くなる

構えは戦いにおいて大きなウェイトを占めています。構えによっては、相手の手数が激減し、自分の攻撃を出しやすくもなりますが、構え方が悪いと失点が増え、自分の攻撃が限定される場合もあります。

日本と海外では、構えに対する概念が異なることを前述しましたが、現在の競技組手ルールでは、半身に構えるよりもほぼ真横に構える方が若干優位に立てると考えます。

たとえば、構えを変えるだけで足の位置を動かさなくても間合いを自分に有利にすることができます。自分が半身に構えた時に届く相手の突きも、その場で真横に構えると10㎝程遠くなり、届かなくなります（**写真10ａｂ**）。さらに、自分が半身に構えて届かない突きも、その場で真横に構えて突くと10㎝以上遠くへ届かせることができます（**写真11ｃｄ**）。相手の突きは-10㎝、自分の突きは+10㎝となり、同じ位置で20㎝も得をすることになります。

国際大会に出た日本人選手が、外国人選手は間合いが遠いと言いますが、同じ位置にいても構えの違いで20㎝不利になっているわけで、実際には感じたほどには間合いは遠くありません。加えて、第4章「運足のパラドックス」で再度説明しますが、半身で構えると運足は前進・後退がベースとなりますが、真横に構えるとサイドステップがベースになり、特性が大きく異なってきます。

人間は肉体の構造上、近距離であれば正面に踏み出すよりも横に移動した方が速いものです。空手の間合いが50ｍあるならばいざ知らず、せいぜい1.5ｍか２ｍ程度ですから、横に移動する方が速く移動できます。ですから、運足も構えの違いによって大きく異なってくることを明言したいと思います。

写真10　相手の突きが届かなくなる

半身に構えた状態（10a）で届く相手の突きが、身体を真横にして構えると（10b）届かなくなる。

写真 11　自分の突きを届かせることができる

半身に構えた状態（11a）から突く。
この距離ではあと 10cm 程突きの長さが足りない。

11a と同じ位置で真横に構える（11c）。
すると相手の上段に突きを届かせることができる。
構えだけでこれだけ優位に立てるのだ。

第４章　運足のパラドックス
ー最速の動きは究極の脱力からー

CHAPTER 4　Paradox of Stepping
- Relaxation makes the Fastest -

1 運足こそが勝負を左右する

運足に関しては、空手では最も重視されるべき技術です。

柔道・合気道等の武術と空手の違いは、何でしょうか。組技・つかみ技系の武術は、ファーストコンタクトから始まります。つまり、相手に触れたところから技が始まります。

しかし、空手等の徒手空拳の格技は、ファーストコンタクトで終わる場合があるということです。もちろん、そこで終わらなければ投げや関節技に持ち込みますが、基本的には突いた時点で、または蹴った時点で勝負がつく場合が多いと思います。

ですから、相手に触れるまでの「間の詰め方」が、勝負を大きく左右することになります。そうなると、どうやって間を詰めるか、次に移動のエネルギーをそのまま技に伝えることができるかどうか、そして、技を極（き）めた後に間を切れるかどうかと、すべては運足次第で大きく変わってくるものです。

最終的には、立ち方はすべて撞木（しゅもく）立ちになってきます。この撞木という立ち方は、元々の空手の立ち方であり、柔道・合気道・剣術すべての武術が基礎的な立ち方として用いている、いわば魔法の立ち方と言えます。競技空手も同様で、進化すれば立ち方が撞木になってきます。

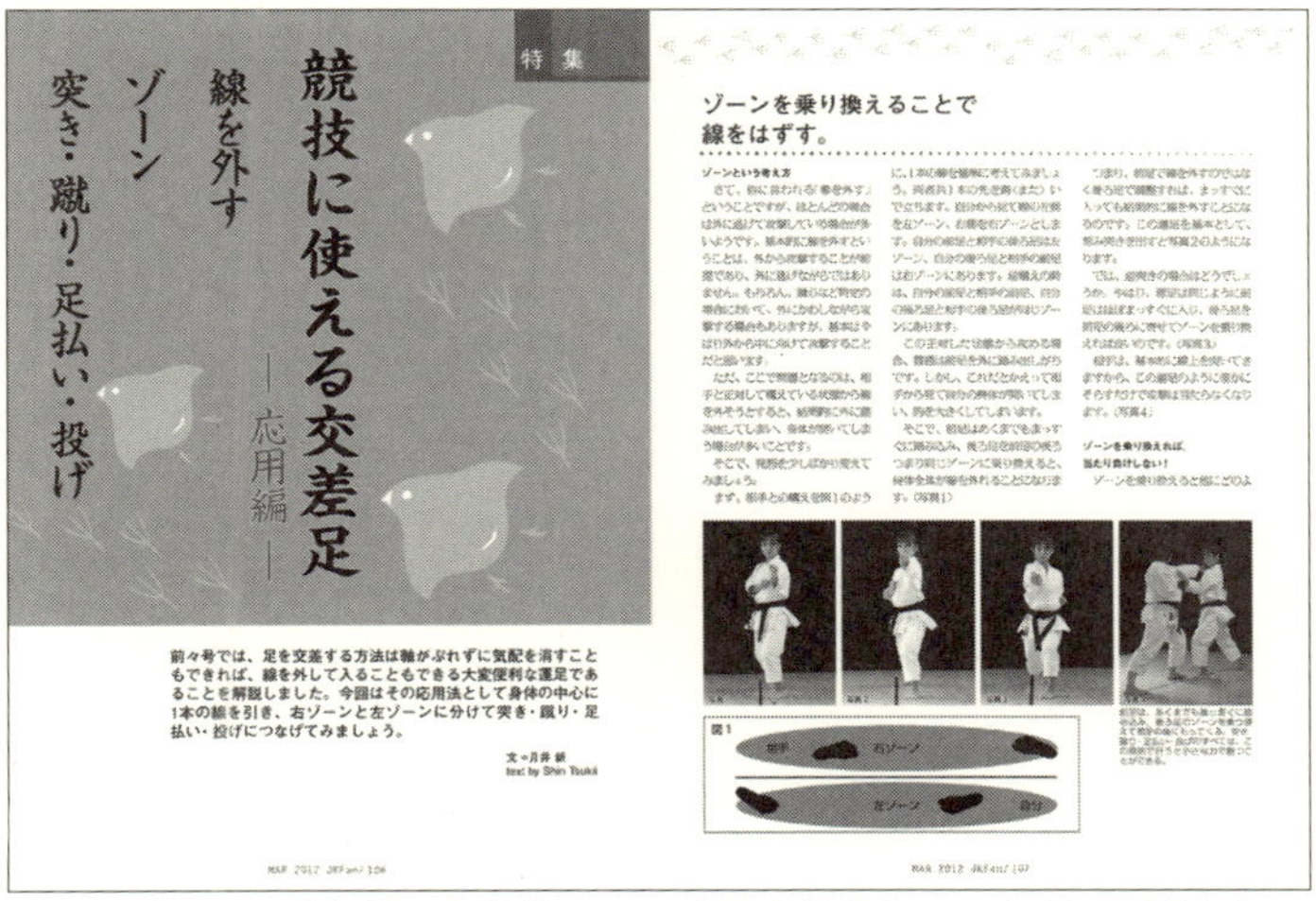
特集

競技に使える交差足
―応用編―

線を外す
ゾーン
突き・蹴り・足払い・投げ

前々号では、足を交差する方法は軸がぶれずに気配を消すこともできれば、線を外して入ることもできる大変便利な運足であることを解説しました。今回はその応用法として身体の中心に1本の線を引き、右ゾーンと左ゾーンに分けて突き・蹴り・足払い・投げにつなげてみましょう。

文＝月井 新
text by Shin Tsukii

ゾーンを乗り換えることで
線をはずす。

ゾーンという考え方

ゾーンを乗り換えれば、
当たり負けしない！

運足とゾーンの乗り換えを特集。この時は交差足という表現で解説した。
『空手道マガジン月刊 JKFan』
2012年3月号106ページ

PARADOX 043

最速の前進は空腹のイメージ

空手は、相手までの距離が何十メートルもあるわけではありません。せいぜい1.5メートルか2メートル程度です。この距離を一瞬にして詰めるには、後ろ足で床を蹴ってはいけません。なぜならば、床を蹴るということは後ろ斜め下方向に力を加えるということですから、強く蹴れば蹴るほど重心が浮いてしまいます。

それを抑えるには、最初から自分の重心を地面すれすれに置けば良いのですが、これでは重心以前の問題で戦いになりません。そこで自分の力だけに頼らず、地球にお手伝いいただき、重力を利用して動けば良いのです。

抜きによって加速を得るには、安定した立ち方に加え、瞬間的な脱力が必要です。それをイメージで実践してみましょう。まず、自分が長い間何も食べていない状態をイメージしてください。残った力は僅かで、ギリギリ立っている状態です（**写真1**）。

その状態から、倒れる瞬間に「助けて！」と目の前にいる人に両手を伸ばし、もたれかかるようにしてみましょう（**写真2**）。10年前に私が高速上段突きを発表し、「抜き」で前進して突くことを提唱しましたが、まさにこの空腹で倒れる瞬間が人類最速の動きになるのです。

本当に空腹ならば倒れてしまい、人類最速の突きなんてできるわけがありません。実際には、伸張反射で効果的に筋力を使っているから最速の動きが実現できるのですが、「じゃあ筋力を使うのだから……」と筋力に頼って動くと、今度は無駄な筋肉にも力が入ってしまい、かえって動きが遅くなるのです。

力をできるだけ抜くようにイメージすると、実際には筋肉を意識した時以上の筋力を発揮できるというわけです。

また、この最速の前進は、「助けて！」と両手を差し出しますから、技におこりがなく、力も溜め込む必要がありません。よって、相手にとって反応しにくい動きになっていることに加え、全身の体重を拳に乗せることができるので、威力も相当強くなります。

試しに、ミットを突いてみてください。通常通り、追い突きか逆突きで突く場合と、「助けて！」と両手を伸ばしてミットにもたれかかるように突くのでは、衝撃がまったく違うのではないでしょうか。

この時注意しなければならないのは、徐々に力を抜かないことです。一瞬でゼロの状態を作り、落下の瞬間にかかとに体重を落とすようにしてください。イメージをうまく作ることができれば、信じられないくらいに速く移動することができるでしょう。これができない人の大半は、脱力の時に背中を丸めてしまうか、つま先に重心を落としてかかとが浮いてしまうかのどちらかです。

平行立ち（または八字立ち）のように自然に立った場合でも、組手の構えから行なった場合でも、イメージはまったく同じです。「助けて！」と瞬間的に脱力し、相手にもたれかかるように前進してください。

PARADOX 044

最速の後退は腰を抜かす

後ろに移動する時は、「助けて！」ではありません。人間は、力が抜けると前に倒れるようになっています。空腹で倒れる時に後ろに倒れる人はいません。必ず前に倒れます。逆に身体が硬直してしまうと後ろにそっくり返って倒れます。しかし、硬直することは武術としては好ましくありませんから、別な方法を考えなくてはいけません。

それにピッタリのイメージがあります。ビックリして腰を抜かせば良いのです。突然目の前にお化けが現れ、腰を抜かすイメージです（**写真3**）。腰を抜かす時は、骨盤が後傾します。この骨盤の後傾が素早い後退の秘密です。イメージをつかむには、柔らかいマットの上で実際に腰を抜かして倒れてみると良いでしょう。

この腰を抜かす要領をつかむことができると、後ろに真っすぐに下がるだけでなく、回り込むことも可能です。実際に骨盤が自由に操作できれば、倒れ込むほどに腰を抜かす必要はありませんが、何事もイメージを持って覚えることが大切ですから、最初は実際に後ろに転ぶことから始めてください。

写真１　空腹で…

長い間、何も食べておらず、身体に力が入らない。フラフラして今にも倒れそうな状態をイメージして立ってみよう。

写真２　「助けて！」

倒れる瞬間、目の前にいる人に助けを求めてもたれかかるイメージで、脱力。

写真３　お化けが出た！

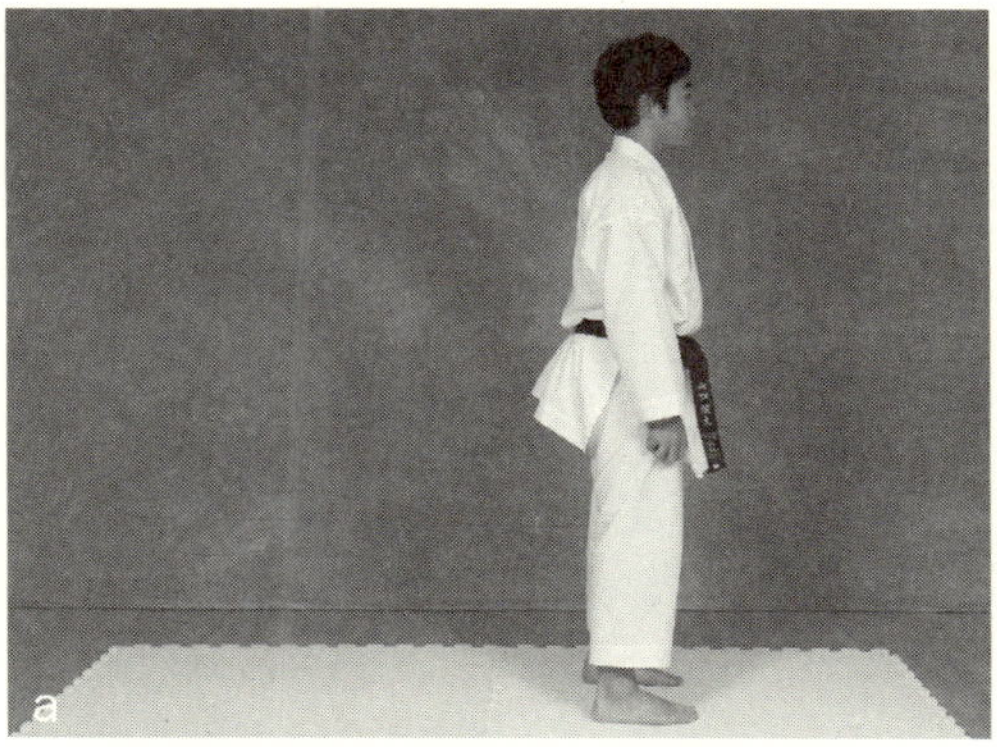

びっくりして腰を抜かしたイメージで脱力。
これが最速の後退に不可欠な感覚となる。

PARADOX 045

「お邪魔します」で、最速のサイドステップ

近年の競技組手は、サイドステップがベースになっています。そのため、横への移動は最も重要な運足となっています。横に移動するには、膝の使い方がポイントとなります。膝を進行方向に抜くのですが、その時に上体を柔らかく保ち、身体が膝を中心に「く」の字に曲がる感じです（**写真４ｂ**）。

イメージでいえば、「お邪魔します」とふすまを開けるような感覚です。なぜ、身体を真っすぐに保つのではなく、膝から先に行くのかと言えば、膝から崩れることで重心を進行方向の斜め下に移動させ、全身の移動につなげるように動くためです。

膝を進行方向に崩すと、そのままでは本当に膝から倒れてしまいます。そこを、倒れる寸前に両足を膝に追いつかせ、倒れるのを防ぐのです（**写真５ａｂ**）。

簡単に言ってしまえば、膝から崩れながら足が追いついて崩れないようにするだけですが、その時に身体が真っすぐに立っていると、身体全部をいっぺんに移動させなければなりません。膝から始動して身体が斜めになり、下半身から上半身の移動へと徐々に移行すると、より速く移動できます。

写真４　お邪魔します

ふすまを開けるイメージで膝を曲げ、身体を「く」の字にしてみよう。

写真５　膝から崩れる

「く」の字になったままだと、バランスを崩してしまうので、倒れる間際に進行方向へ足を送る。
この膝の使い方が、最速のサイドステップにつながる。

PARADOX 046

全体を張るには１点だけを張る

立ち方には、「締め」「張り」「絞り」「抜き」の４要素が存在します。しかし、ひとつの立ち方に４要素のひとつだけが必要なのではなく、各部位にこれらの４要素が点在しています。ですから、どこを締めて、どこを張り、どこを絞って、どこを抜いているのか、それらが同時に要求されるのです。

前屈立ちの後ろ脚に関して説明しましょう。後ろ脚は一直線になるように張らなければなりませんが、かかとから臀部まですべて意識する必要はありません。

膝の裏側の少し下の部分を張ると脚全体が伸びます。脚を曲げる時も同様の一点を意識し、膝の裏側を抜けば良いわけです（**写真6**）。

この１点だけを意識する方法は、実に便利です。複数箇所を同時に意識するのは難しくても、１点だけを意識することは難しいことではありません。

四股立ちの場合、私は**写真7**の箇所を意識させます。●印の箇所を抜き、そこに上体の重みを感じるように立つと安定した立ち方を取ることができます。これを証明するには、長時間四股立ちで立ってみてください。何も意識しないで四股立ちを取ると、大腿四頭筋に負荷がかかり、すぐに疲れてしまいます。しかし、●印の箇所を意識して立つとあまり疲れません。

立ち方や受け・突きは、ある1点を意識するだけで、見違えるほどのレベルに仕上げることができます。

写真6　前屈立ち

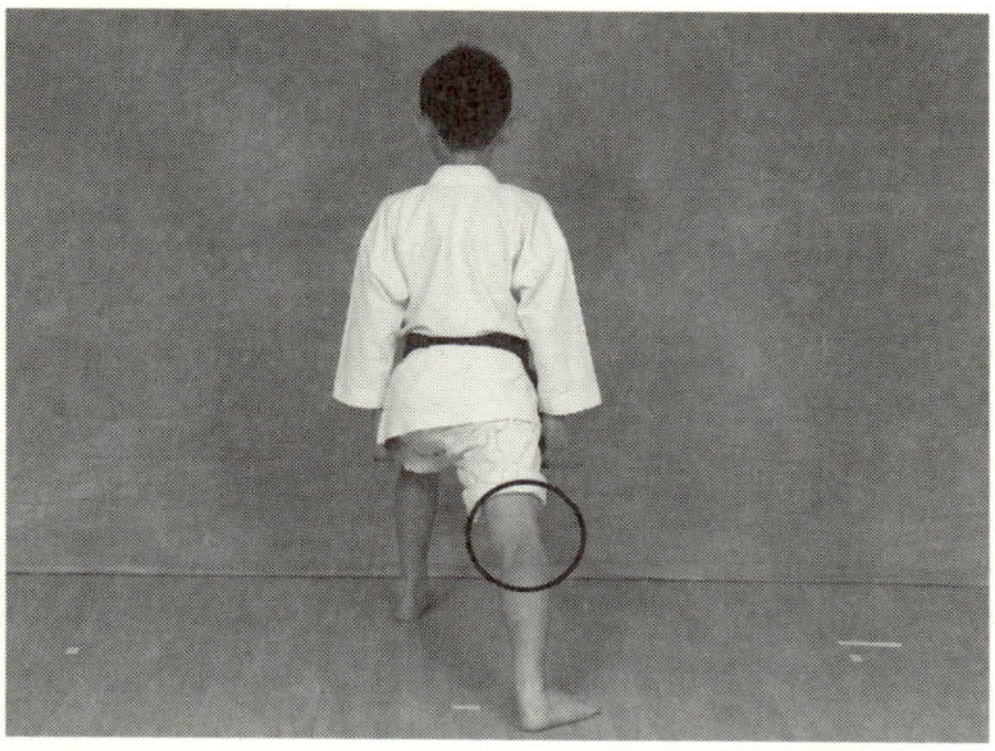

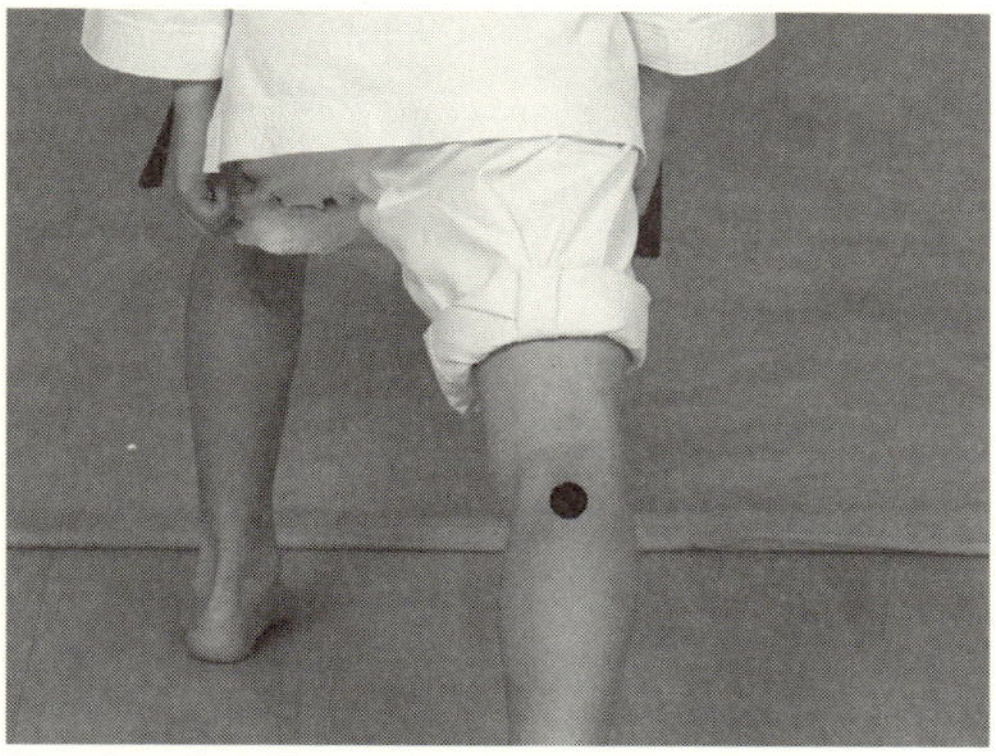

膝の裏、膝関節から少し下の●部分を張ると、脚全体を張ることができる。

写真7　四股立ち

四股立ちになる時は、両脚の付け根、●部分を意識すると良い。

PARADOX 047

床を蹴ってはいけない

運足の大原則として、「床を蹴って移動してはいけない」ということがあります。当然、移動するには床を蹴らなければ動くことができないだろう、と思うかもしれませんが、それでは最速の運足を身に付けることはできません。

足の裏のことだけを考えるから、床を蹴ってしまうのです。身体全体、特に上半身を考慮すれば、床を蹴ることがどれだけマイナスになるかわかりません。床を蹴る意識を持つと、上体の重心移動が円滑に行なわれず、結果的に動きが遅くなってしまうのです。むしろ、最も重い部分である体幹部の重心移動を主体とし、重心が移動した方向に足が進むというのが理想的ではないでしょうか。

この感覚を習得する方法として、ツルツルに滑る床の上で動いてみるとわかります。しかし、床にワックスを塗りまくってツルツルにすることもできないでしょうから、ある方法をおすすめします。それは、ポリエステル製の足袋カバーを履いて稽古することです(**写真8**)。マットの上では効果がありませんが、板の間であればかなり滑るはずです。少しでも気を許すとステンと転んでしまう。そんな状況下で稽古をすれば、床を蹴らないという感覚がよくわかると思います。

究極は、スケートリンクで裸足になって稽古できれば良いのでしょうが、リンクを貸し切る費用を捻出するのは大変なことであり、仮にリンクを借りたとしても裸足で長時間稽古すれば足裏が凍傷になってしまいますよね。

ですから、とりあえずは数百円の足袋カバーを購入し、稽古してみてください。この状態で動き回れば、床を蹴らない動きが身に付くことに加え、バランス感覚を鍛えることもでき、まさに一石二鳥の効果を期待できます。

写真８　足袋カバーを履いて練習する

PARADOX 048

骨盤を割る

さて、「床を蹴らない」とはどういうことでしょうか。足裏を使って進行方向とは逆方向に力を加えることをせず、体幹部の重心移動を主な推進力とし、足は進行方向に進めるだけ。というのが理想の動きではないでしょうか。

その時に、体幹部すべてを意識するのではなく、基本的には腰に上体が乗っていると考えれば良いと思います。ですから、イメージとしては腰の移動を考えれば良いと思います。すべての立ち方において、股関節を意識して移動することで、結果的に床を蹴ることなく移動できるようになるでしょう。

たとえば、三戦立ちで移動する場合、足を意識して前進・後退をすると、足だけが先に行き、身体全体を移動させることが難しくなります。そこで、股関節を意識して歩を進めれば、上体がきれいに足に乗って、スムーズに移動できるでしょう。

その他の立ち方もまったく同じで、股関節を意識して歩を進めてください。その時、**イラスト1**のように骨盤を「割る」イメージで使うと良いでしょう。骨盤は1枚の板のようになっていて、実際にはイラストのように割ることができませんが、このようにイメージすることで驚くほど上体の安定を得ることができます。

また、このイメージを持つと身体の上下動がなくなり、安定した移動が可能となります。

骨盤を割って動けるようになれば、無駄な動きが削られ、重心移動もスムーズに行なわれるので、より速く、より楽に動くことができるでしょう。

イラスト１　骨盤を割るイメージ

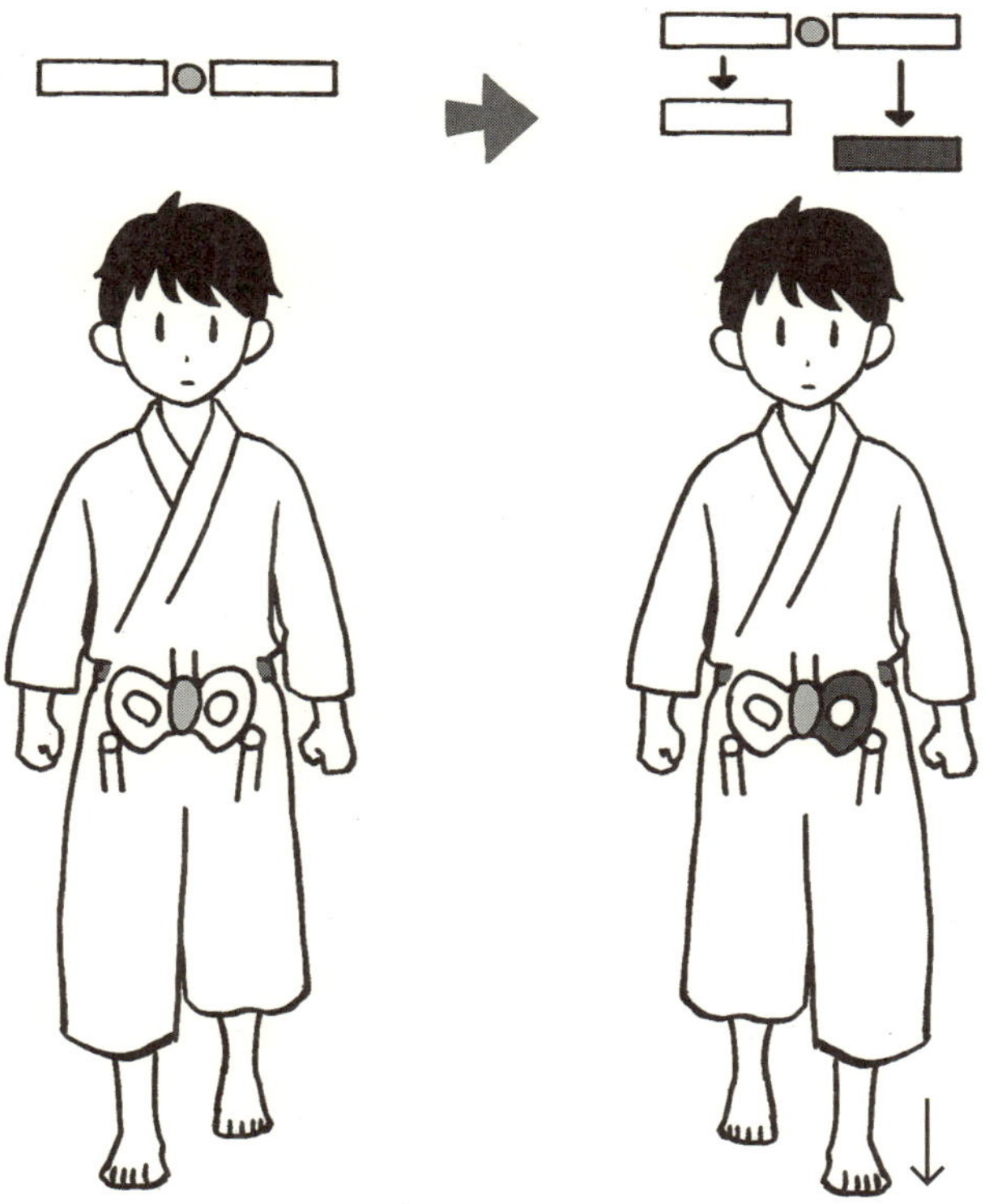

骨盤の左半分と右半分をバラバラに使うようなイメージ。

PARADOX 049

つま先は浮いて開く・・・が

基本の稽古では、前屈立ち追い突きの時、初動時につま先が外を向いてはいけないと指導されると思います。しかし、試合で選手が上段突きから後ろ足を前に踏み出すと、一流と言われる選手ほど最初に前足のつま先が浮いて、外を向いています。つまり、まず前脚の股関節が外旋しているのです。

股関節が外旋するのは、瞬間的に抜いている証拠です。その時連動してつま先が浮くのですが、こうすると自然に重心が前に移動し、スムーズに前進することができます。前足から踏み出す時も同じで、遠くまで踏み込むには進めた足をかかとから着地させますが、抜きの重心移動で動く人間は、自然につま先が浮いて、かかとから着地するようになり、結果的に遠くまで踏み出せるのです（**写真９ａ～ｃ**）。

一般的には、つま先が外を向くと相手に察知されるので良くないと言われていますが、実際につま先を真っすぐに保って移動するのと、股関節を外旋させてつま先が外を向くのを比較してみると、後者の方が重心移動がスムーズで速く移動できるのです。加えて遠くまで移動でき、床を蹴らないので相手におこりをとらえられることもありません。

空手の指導は「嘘も方便」的な部分が多く、言っていることと実際にやることが違うなんてことがよくあります。このつま先もその類で、あくまでも股関節が瞬間的に抜けて外旋し、それに伴ってつま先が浮いて外を向くので、最初からつま先が外を向くことを意識してしまっては、本当にその時点で相手に気づかれることになります。

ここが空手の難しいところで、動き自体は同じでも「結果的にそうなる」のと、「最初から意識してそれをする」のでは、見た目は同じでも内容はまったく異なるのです。

写真９　つま先が外を向く

前進する時、股関節の瞬間的な脱力によって前足のつま先が浮き、外を向く。この方が重心移動がスムーズ。ただし「結果的に外を向いている」ことを忘れずに。

PARADOX 050

最速・最強の酔っぱらいステップ！

運足について、ここまで書いてきたことをすべてマスターするには、大変な時間を要します。しかし、それに近い運足は簡単に観ることができます。中国武術で「酔拳」というものがあります。ジャッキー・チェン主演で映画にもなりましたが、酔っぱらった状態で戦うものです。実際には酔ってしまえば映画のように強さを維持することはありえないと思いますが、酒を飲まない状態で酔っぱらいのように脱力ができれば、一種の理想状態ではないかと思います。つまり、酔っぱらいのように脱力した状態で動くことができれば、それが人類最速の動きと言っても良いと思います。

では、具体的に酔っぱらいのどこが凄いのでしょう。ただ脱力しているということではなく、フラフラの状態で安定を保つためにつま先を外側にして歩きます。これこそが、酔っぱらい最速・最強の証明とも言える証拠なのです。

いわゆる酔っぱらいの歩き方を「千鳥足」と言いますが、この千鳥足は真っすぐ歩く時もつま先を外に向けています（**写真10**）。つま先を外側に向けていれば、前後左右どちらの方向に移動しても脚が突っ張ることがありません。

また、方向転換も千鳥足を応用すると楽です。つまり、千鳥足を運足に取り入れることにより、変幻自在の戦いが可能になります（**写真11ａ～ｃ**）。

この千鳥足の運足は、重心の上下動が少なく動きにロスがありません。何かを棒で担ぐ時につま先を外に向けると安定して動くことができます。たとえば「肥担ぎ」をする人がつま先を正面に向けて歩けば、上下動が激しくなり、桶のなかの肥が外に跳ね出てくるでしょう。江戸時代のかご屋も、つま先を外に向けて客を運んでいたものと思われます。でないと、かごがひどく揺れてしまい客が酔ってしまいます。

もうひとつ特徴があります。これも空手に千鳥足を応用する際、重要な要素です。みなさんはトンボを捕ったことがありますか。このトンボ捕りは、空手において大変参考になるのです。自分よりもはるかに速いものをとらえる練習として、最高の練習になるからです。競技空手の運足、つまり前足から踏み出して後ろ足を寄せて行くと、トンボはすぐに逃げて行きます。歩くように近づく、それもつま先を外に向けて歩くとトンボは反応できず、逃げる機会を逸してしまうことがわかります（**写真12a～d**）。

速く動くだけでなく、気配を消して間を詰めるには、千鳥足が最高の運足であるということです。

ここで、千鳥足の特徴を挙げてみましょう。

1. 前後左右の重心移動が円滑に行なえるので速い。
2. 動いた時の上下動が少ない。
3. 気配を消すことができる。

おわかりのように、千鳥足は空手にもってこいの運足なのです。

写真 10　千鳥足

真っすぐ前進する時もつま先は外に向いている。

写真 11　千鳥足を応用する

中段逆突きの引き手と共に後ろ足を引き、軸足と交差させるようにして千鳥足になる（11b）。すると、線を外したり、後技の蹴りが容易になる（11c）。

写真12　トンボを捕るイメージ

トンボ捕りの運足とイメージが組手に最適。
つま先を外に向けつつゆっくり近づいて（12a〜c）
捕まえる瞬間は指先から始動する（12d）。まさに、
相手に反応されない突きの理想型！

PARADOX 051

すべては撞木（しゅもく）に帰す

前項では、千鳥足の特徴について書きました。ここで読者のみなさんに質問ですが、「撞木」を知っていますか。撞木とは、仏具のひとつで鐘を叩くT字型の棒のことです。シュモクザメなども、頭がこの撞木のようにT字をしているために名づけられたようです。撞木とは、簡単に言えば木製のハンマーです。

さて、武道でも「撞木立ち」（または撞木足）という立ち方があります。実際には空手でいう「Tの字立ち」に近いものですが、広義では両つま先を90度に開いて立ったものは撞木立ちに入ると考えます。この項では撞木立ちを広い意味で使いたいと思います。

空手でも、Tの字立ちをはじめとして、四股立ち・松濤館系の後屈立ち、前項で書いた千鳥足など、両つま先を直角もしくは直角に近い角度に開いた立ち方が多く存在します。

私はこの撞木立ちこそが人間の運足にもっとも適したものではないかと思っています。空手の構えの時に、半後屈立ちを取ることがよくありますが、半後屈立ちの特徴とこの立ち方を使うであろう状況を考えれば、半後屈立ちは明らかに撞木立ちであると言って良いと思います。加えて猫足立ちも、撞木立ちの変形であると言えるでしょう。

現在、海外のほとんどの組手選手が、構えた時に半後屈立ちか四股立ちに近い立ち方を取っています。これも、競技が進化して高速化と技の多様化が進み、結果的に原点回帰したものではないかと思っています。

構えの時はもとより、間を詰める時、技を出す時、効果的な戦いを突き詰めれば詰めるほど、立ち方が撞木になっていきます。撞木立ちを念頭に置いて組手を考えていくと、撞木立ちでほぼすべてが解決してしまうほど便利なものです。

この撞木立ちについては、改めて後述します。

写真13　撞木立ち

両つま先を90度またはそれに近く開いた撞木立ち。その効用とは……？

第５章　組手のパラドックス

CHAPTER 5　Paradox of Kumite

1 組手の立ち方は基立ちではない！

ここ数年の組手技術の進化には、目を見張るものがあります。国際大会も増え、各国間の交流も頻繁に行なわれ、世界中で情報を共有できる環境が整ってきたことが、進化の理由だと思います。

私は、この世界の流れに乗り、自己の組手を進化させ続けるには、これまでの固定観念を捨て、新しいものをドンドン取り入れる柔軟性と同時に、幅広い角度で空手の技術を見つめ直し、既存の技術をさらに掘り下げることが必要だと思います。

この章に挙げた組手のパラドックスは、平素私が考えていることのほんの一部です。その核とも言える部分が、「真横の構え」――後半では、カニにたとえて説明します――とそのステップです。誤解を恐れずに述べるならば、私は空手において基立ちでの組手は主流ではないと考えています。

ただし、これは基立ちでの組手を全否定することではなく、双方の利点と欠点を踏まえた上で戦い方を構築すべきだととらえてください。

PARADOX 052

基立ちで構えてはいけない

まず、組手の構えから説明しましょう。

「上体を半身に構え、立ち方は前足のつま先が自然に正面もしくはやや内側を向き、後ろ足は30度程度外を向く。前拳は相手の顎に向け、後ろの拳は相手の水月に向ける」というのが一般的な構えではないかと思います。

今回、私はあえてこの構えに異論を唱えてみましょう。「基立ちで構えてはいけない！」と言ってみようと思います。

構えは、半身ではなく真横に、立ち方は基立ちではなく半後屈立ち、または四股立ちで構えるというものです。そして、両肘を曲げ前腕を盾として使う。これが、私が今回提唱する基本の組手の構えです（**写真1**）。

本音を言わせてもらえば、万人に合う構えなどというものはなく、十人十色であってしかるべきだと思っています。私は海外での指導歴が11年間ありますが、海外では比較的自由に選手の意思に任せているのに対し、日本では指導者が事細かく指示を出し、結果的に選手を潰すことが多いと感じ、今回はあえてこれまでの日本の一般的な考え方にノーをつきつけました。読者の方々には、これを読んで気楽に試してみながら、自分でやりやすいと思える方法を選択していただければ良いと思います。

私が、基立ちではなく半後屈立ちか四股立ちでの構えを推奨する理由は、既に第3章で説明しました。同じ位置に立っていても、真横に構えることで20㎝得をすることです。

海外の選手は間合いが遠いと言われていますが、実際に計ってみると思ったほど遠くありません。実際よりも遠く感じるということは、ここで説明したように、真横に構え、その場にいながらにして20㎝得をしていることが大きな要因でしょう。

また、両手の構えも相手の顎や水月に向け正中線を守ると、試合の後半には疲れて手が下がってしまいます。真横に構えて肘を曲げ、前腕を盾にして構えていると、腕がほとんど疲れません。楽に構えることができて疲れないならば､受ける時に反応も早くなります。

真横の構えのこつを書きましょう。前章で書いたように、両足のつま先は直角に、重心は真中か少し後ろに、そして前腕の後ろに自分の上体を隠すように立つことです。一度、この要領で構え、組手を行なってみてください。思いのほか動きやすく、相手にとっては攻めにくいことがわかると思います。

コラム
Column

半後屈立ちと四股立ち

この本で私は、立ち方ではつま先が90度に開いているのが重要であると説いています。通常は半後屈立ちか四股立ちに近い立ち方を取りますが、半後屈立ちはできても四股立ちで構えるのが難しい人が多いのではないでしょうか。一方、海外では四股立ちで組手を行なう選手が多いようです。

私は、できない人は無理をして四股立ちになる必要はな↖

写真１　真横の構え

半後屈立ちか四股立ちで、身体は真横に向ける。
前腕を盾として使う。
両足のつま先は90度（たとえば四股立ちの場合、45度ずつ）開き、重心は真ん中か、少し後ろに置く。

ヨーロッパの選手。

↙いと思っていますが、日本人の中でも四股立ちが向いている人がいるのも事実です。

私の経験上、中丹田（胸の意識）を使える人は四股立ちの方が良いのではないかと思っています。そして、意識のほとんどが臍下丹田にある人は、半後屈立ちを取る場合が多いと思っています。蹴りの得意な人に四股立ちを取る人が多いようです。やはり、蹴りは中丹田を使って蹴らないととっさの時に技が出ません。

実際に、半後屈立ちと四股立ちの両方で構えてみると、違いが良く理解できます。半後屈立ちで構えた方が上体に力みがなく、自然に構えることができるでしょう。しかし、四股立ちで構えると肩甲骨が寄り、両腕を上げて構えを高く取ることができます。

半後屈立ちを取る人は、臍下丹田を主に使いますから、構えもそれに伴い低くなります。四股立ちを取る人は中丹田も使えるので、その分構えが高くても違和感がないのです。

これらの理由から、違和感があるのに無理をして四股立ちをとる人は、腹圧がかからず動きにくいのではないでしょうか。だからといって、四股立ちを禁じてしまってはいけないのです。日本人の中にも、中丹田を自然に使える人は存在するのですから、人それぞれの特徴を踏まえた上で指導にあたる必要があると思います。

特に西洋の生活様式が日本に浸透してきた昨今、また日本在住の外国人の割合も、日本人が海外に出る機会も増えてきました。それらの理由から、日本人の体型も身体操作も西洋人に近い人間が増えてきています。なのに、いつまでも純日本式の指導方法では、それに合わない人たちの才能を潰すことにもなりかねません。

指導者は、今後ますます自己の身体意識や経験だけに頼った指導を戒め、幅広い視野で指導にあたることが望まれているのではないでしょうか。

PARADOX 053

前進・後退は横移動

次に、間を詰める時の比較です。この後の項でも説明しますが、半身の構えと真横の構えでは、上体の角度はせいぜい30度程度の違いしかありません。その僅かな差がステップを決定的に異なるものとしているのです。正面または半身の構えでの運足は、基本的に歩くことの延長です。前進の時は足を前に出し、後退の時は足を後ろに出します。

ところが、真横に構えるということはステップも「横歩き」になるということです。この僅かな構えの差が、運足では決定的な相違点となってくるのです。

私は、空手のステップは横歩きの方が適しているのではないかと思っています。空手のように短い距離を速く移動するには、横歩きの方が速く、かつ上下動も少ないからです。

ここで、ある実験をしてみましょう。ペアになって構え、鬼ごっこのように一方がもう一方にタッチします。タッチされる方は最初後ろ向きに逃げてください（**写真２ａｂ**）。おそらくすぐにタッチされたのではないかと思います。次に、逃げる方が真横に構え、サイドステップで逃げてみましょう（**写真３ａｂ**）。おそらく、触れられることなく逃げ切ってしまったのではないでしょうか。

次に、追いかける方が運動会の徒競走のスタートの体勢で構え、相手にタッチしてみてください（**写真４ａｂ**）。タッチするまで数メートルは走ったのではないでしょうか。今度は、追いかける方が野球の盗塁のように真横を向いてスタートしてください（写真5ab）。すると、先ほどよりも早く、おそらく一歩目でタッチできたのではないかと思います。

このように、追いかける時も逃げる時も、短い距離であればサイドステップの方が速く移動できるのです。フェンシングを思い浮かべてください。もし、フェンシングを半身の体勢で行なったならば、スピードについて行けず勝つことはできないでしょう。

サーベルを片手で持つフェンシングと四肢を駆使して闘う空手ではすべてがイコールではないと思いますが、究極を突き詰めて行けば、本質は同じではないかと思います。フェンシングのスタンスなどは、空手の半後屈立ちに非常に近いものがあります。

このサイドステップのメリットは、決して運足の速さだけではありません。蹴りのカウンターなども、真横に構えてサイドステップで間を取りながら蹴った方が、楽に極（き）まります。素早い運足に加え、肩甲骨を寄せて構えていることも蹴りを出しやすい理由です。

思えば、ブルース・リーも格闘の時には真横に構えていましたね。これも彼の野性的な勘で、サイドステップの効果をわかっていたのでしょう。

空手には、ナイハンチのように横移動で技を出す形もあります。その点でも、もっとサイドステップの研究が必要ではないかと思います。

写真２　後ろ向きに逃げる

後ろ向きに逃げようとすると、簡単に追いつかれてしまう。

写真３　サイドステップで逃げる

逃げる方が身体を真横にして構え、サイドステップで移動すると、逃げ切れる。少なくとも写真 2b でタッチされた位置よりも遠いところまで逃げられるだろう。

写真４　正面を向いて追いかける

徒競走のスタートのように、身体を正面（または半身）に構えて追いかける。おそらく逃げ切られてしまうだろう。

写真５　真横を向いて追いかける

写真４と同じ相手、同じ距離で、真横の構えから追いかけてみると、明らかに速くタッチすることができる。

PARADOX 054

移動は膝から下で

さて、このサイドステップですが、何でもかんでも横に歩けば良いというわけではありません。一言でいえば「カニ」のように移動しなければならないのです。大腿を閉じたり開いたりせず、四股立ちのように開いたままにして、膝から下を使って移動するのです。短い距離ならば、バッタのようにピョンと大きくジャンプするよりも、カニの方が速いのです。

基本的には、前進の時は前足を出して後ろ足を寄せます。後退の時は後ろ足を下げて前足を寄せます（**写真6a〜c**）。ただし大きく踏み込んで突き、大きく間を切る時は股が割れて広い立ち方を取っているのですから、前足を寄せてから後ろ足を下げた方が良いでしょう（**写真7a〜c**）。

さて、カニの効果は他にもあります。「カニステップ」で間を詰めると安全であるということです。理由は股関節の外旋にあります。まず、基立ちから中段を突くと、前足を踏み込むと同時に身体全体が相手に対し近づいて行きます（**写真8ab**）。相手に近い位置に自分の身体があるということは、相手の攻撃が届き、危険度も増します。

では、なぜカニは安全なのでしょうか。それは、カニの構えのまま前足を踏み出しても、後ろ足の股関節が開いている限り、前足だけが相手に近づき、上体は前進しないので相手の射程圏外にあるからです。上体は腰を入れた時に正面を向くので、リスクを軽減しているのです（**写真9a～c**）。

また、構えのところでも述べましたが、基立ちから踏み込むよりも、カニステップで踏み込んだ方が楽に遠くまで突くことができます。

近年、国際大会において日本人選手が外国人選手に触れることも難しくなってきたという事実がありますが、これは構えの違いから、根本的なところで相違が生じていることが大きな理由でしょう。運動能力や手足の長さよりも、むしろ構えで20㎝損をして、ステップでも速さでも敵わず、突いても短い距離しか届かない。これでは、勝てる確率が低くなるのも当然ではないかと思います。

これまで書いてきたように、最速の運足はカニのように移動することであり、四股立ちでのステップです。もちろん、四股立ちで加速をして、最後に突く時は大きく股を割って前屈で突くので、すべてが四股立ちということではありませんが、通常のステップワークは四股立ちをベースにしたほうが便利です。

そこで、このカニステップを自分のものにするために、まず四股を踏むことをおすすめします。四股をしっかりと踏み、股関節を柔軟かつ強固にして初めて、カニステップをものにできるのです。力士が巨体でありながらもパワーとスピードを両立させていることを我々空手家は大いに参考にすべきだと思います。

形などで、四股立ちで移動する時に膝が中に折れてしまうことは良くないとされています。あくまでも膝は張り続けて移動しなければいけないのです。これなどは、以後に書くことと大きな共通点があるのではないかと思っています。

私は、８、９年ほど前にＪＫＦａｎで「超人解析シリーズ」と題し、世界を制した名選手たちの動きを解説しました。その中で、一流選手は間を詰める時や間を切る時に、膝から下で動いていることに注目しました。膝から下で間を詰めると、不思議と相手は何の反応もできないのです。反応できない理由は、スピードもさることながら、上下動をすることなく、構えも変わらないまま急加速できるからだと思われます。

実はここ数年、世界の競技空手の進化は加速度を増しており、過去には一部の天才のみが行なってきたことを今では多くの選手が行なっているのです。このカニステップも同様で、今では世界中で当たり前に行なわれています。

一言で「カニ」と言っても、半後屈立ちの場合と四股立ちの場合があります。私は、広義では両者は同じものだと解釈しています。両足のつま先の角度を合わせると90度、この状態が最も人間の潜在的能力を引き出す角度と考えているので、あとは状況に応じて半後屈立ちを取るか四股立ちを取るか、どちらかを選択すれば良いのではないでしょうか。

写真６　カニステップ（後退）

後ろ足から下げ、前足を寄せる。

写真７　カニステップ（間を切る）

大きく踏み込んだ後は、前足を寄せてから後ろ足を下げた方が良いだろう。

写真８　基立ちから中段を突く

基立ちから中段を突くと、踏み込みと同時に全身が相手に近づくので、先に相手の突きを食らう恐れがある。

写真９　カニの構えから中段を突く

後ろ足の股関節が外旋している限り、上体は相手に近づかない（9b）。

②組手における戦術のパラドックス

ここでは技そのものではなく、技を極（き）めるための本質的な部分を書いてみようと思います。人間、歳を取ると、筋力の衰えと共に徐々に速く動けなくなってきます。たとえ若い選手でも、自分よりも速く動く選手は周囲にいくらでもいると思います。こんな時、自分の最大限のスピードをもって対抗しても、相手の方が速いのですから勝ち目はありません。

さて、どうすれば勝率を上げられるのでしょうか。逆境に立つ時、そこに戦術が生まれるのです。

PARADOX 055

逃げる相手はゆっくり追う

逆転の発想をしてみましょう。速く動く相手はゆっくりと追えば良いのです。

たとえば、多くの動物は人間よりも速く動くことができます。そんな時に、目いっぱい速く動こうとしても向こうの方が何倍も速いので、絶対に捕まえることができません。

そんな時にソ～ッと近づいていくと、向こうはどうやって逃げれば良いか分からず、捕まってしまうことがあります。空手にこれを使わない手はありません。自分よりも速い相手は、スピードで勝負せず、ゆっくりと追うのです。

153ページの「トンボ捕り」を思い出してください。トンボ捕りと空手には共通点が多くあり、これこそが間を詰める最善の方法だと思います。

ここで、トンボを捕まえる時のこつをまとめてみましょう。

1. 息を潜めゆっくりと近づく。
2. 腰を落とし、歩いて進む（歩み足）。
3. 手を前に出す。

空手にも、これがピッタリ当てはまるのです。手を前に出してソ～ッと歩いて近づくと、相手は逃げることができずに、あっけないくらい簡単に捕まってしまいます（**写真10**）。

ＪＫＦａｎに連載を持っていた頃にも、相手に近づく時は「お化けになったように力を抜いて……」と説明したことがありますが、お化けもトンボも同じです。要は、ソ〜ッと近づいて行けば良いのです。

写真 10　ソ〜ッと相手を追う

ソ〜ッと近づき、手から捕まえに行く。

PARADOX 056

コーナーに追い込む時は、相手をニワトリと思う

追う時は、トンボを捕まえる要領か、お化けになったように手を前に出してソ〜ッと近づきます。そして、相手をコーナーに追い込む時も同様なのですが、私はこの場合、トンボではなく別の動物をイメージさせます。それはニワトリです。

ただ、近頃はさすがにニワトリを小屋に追い込んだ経験のある人はほとんどいないと思うので、イメージすること自体が困難かもしれません。そこで、ニワトリを追い込む時のこつを書きます。ご存じのようにニワトリも人間よりはるかに速く動くことができ、捕まえるのは至難の業です。

しかし、動物というのは速く追えば速く逃げ、ゆっくり追えばゆっくり逃げます。ニワトリもこちらがゆっくりと追えば、スピードを活かすことができず、ゆっくり動くしかありません。

しかし、終始ゆっくりと逃げるわけではなく、隙あらばサッと逃げようとします。そこを逃がさないためには、膝の力を抜き、低い姿勢で手を前に出しながら追うのです（**写真11**）。私が子どもの頃は、「トォ〜トォ〜トォ〜」と言いながら小屋に追い込んでいました。

試しに、８メートル四方のコートで、この状態で相手を追ってみてください。簡単にコー

ナーに追い込むことができるはずです。追う時は、組手で使っている寄り足よりも、歩いて詰める方が（歩み足）相手にとっては嫌なものです。なぜならば、歩くという動作は等速度運動です。等速度で進んで来るものに対し、拍子を盗むことは困難なのです。

また、手を前に出す行為は、すぐに攻撃できるだけでなく、相手の攻撃のおこりを抑える効果もあります。ですから、今後ますます高速化する競技空手だからこそ、ゆっくり動くことを強く奨励したいと思います。

写真11　コーナーに追い込む

ニワトリを小屋に追い込むように、膝の力を抜き、両手を前に出して、低い姿勢で追い込む。

PARADOX 057

上段を極《き》めたければ中段を突く

試合開始早々、連続して上段突きが極まり、何度でも上段突きでポイントが入るのではないかと思っていたら、その後はいくら上段突きを出してもポイントにならない。そんなことが良くあります。相手だって人間ですから、脳みそがあり、目があります。どんなに速い動きでも、人間の目はスピードに慣れてくるものです。同じことを何度も繰り返していれば、そりゃ通用しなくなるのは当たり前でしょう。

そんな時、一度中段を突いてその後に上段を突くと、あっけないほど簡単にポイントになるものです。一度違う技を出すことで、相手が学習した距離やタイミングをリセットさせてしまう効果があるのです。

たとえば、上段突きでポイントを取りたいと思ったら、とりあえず中段を2度突いてみて、3度目に上段を突くとポイントになる確率が高いと感じます。特定の技にあえて慣れさせておいて、それを外す方法です。

野球の投球術では当たり前のことですが、ツーストライクを取った後に一球胸元に外してバッターをのけぞらせ、決め球をアウトローに投げるというものですが、根本的にはこれと同じことです。バッターの目が慣れてきたところでリセットする。または、山を張らせてそれを外す。投球術はそれに尽きます。

野球に限らず、サッカーのドリブルで相手を抜く時も、バスケットのドリブルも、テニスも卓球もフェンシングも柔道もボクシングも……相手と対峙するありとあらゆる競技は同様のトリックが存在します。

空手に話しを戻すと、技を複数出さなくても顔の表情や目、首、肩、腰、膝、足等、すべての部位を使って相手に山を張らせる、いわば「一人時間差攻撃」が可能です。たとえば、上段を見ながら中段を突く。目を何度か下にやり、中段を突きたいと相手に思わせて、初動は中段に向かって突き始めるが、すぐ上段に切り替える。

肩をちょっと動かして刻み突きを出すと見せかけて逆突きを出す。腰で蹴りを出すと思わせておいて、相手のガードを移動させ突きで極める等、たとえを出せばきりがないくらい応用が広がっていきます。

とにかく忘れてはいけないこと、それは相手には脳みそがあり目もふたつある。しかし、相手が考えていることを逆手に取れば、あっけないくらい簡単にポイントが取れるということです。

PARADOX 058

息は吐かずに吸う

技を出す時は息を吐く。そう考えている人は多いのではないでしょうか。確かにほとんどの場合はそれで良いと思います。しかし、すべてにおいて吐くことが正解かと言えば、それは違うと思います。

競技空手界は、呼吸の研究が遅れているのではないかと思うほどです。相手を翻弄するのに呼吸ほど便利なものはありません。

第1章の「反応できない突き」の項で、息を吸うと相手は反応が遅れると書きました（68ページ）。これを組手に使わない手はないでしょう。しかし、息を吸いながらしっかりと突ける選手はほとんどいないと思います。終始吸い続ける必要はないのです。初動の時点で息を一瞬だけ吸って入る。それだけでも効果は十分すぎるほどあります。

初動時に息を一瞬吸い、股関節を抜く。その後は、いつも通りに息を吐いて突くだけです。一瞬吸って入るだけで相手はその間反応せず、結果的に後手に回ってしまうのです（**写真12a〜c**）。

では、なぜ息を吸うと相手が反応しないのでしょうか。それは、息を吸って入ると気が飛ばないのです。気と書いてしまうと何か魔法のような感じで拒否反応を示す人もいるかもしれません。しかし、「気」とはこの場合、気配を意味します。

息を吸う時は身体の前面の筋肉が緊張しないため、相手が気配を察知できないのだと推測されます。逆に息を吐くと腹筋や胸筋が緊張し、その緊張を相手が気配として感じ取るのでしょう。

よく、息を吸った時に攻撃を食らうとダメージが大きいと言われますが、息を吸うことによって腹圧を上げれば、かえって相手の攻撃の威力を跳ね返すこともできるはずです。イメージとしては、筋肉で衝撃を受けるのではなく、内臓で受けるという感じでしょうか。

息を吐くと気が飛び、息を吸うと気が飛ばない。これは、逆にフェイントを使う時は相手が反応してくれた方が良いわけですから、息を吐いて意図的に相手に反応させる。本当に攻撃する時は、息を吸って相手に反応させない。そんな使い分けができると組手の幅が広がるでしょう。

また、間を詰める時も、相手に極力反応させないために、息を静かに吸いながら詰めると良いでしょう。このように、同じ技でも呼吸を変えることでより大きな効果が得られます。呼吸って、本当に面白いですよ。

写真 12　一瞬、息を吸ってから入る

初動の瞬間に息を吸って、股関節を抜く。

相手の反応を一瞬遅らせることができれば、先手を取れる。

PARADOX 059

正拳で突かない

「縦拳は、肘が回らないから相手が反応しにくい」と既に書きました。ここでは、もう少し突っ込んで具体的な例を挙げたいと思います。

相手と逆構えになったら、セオリーでは上段への逆突きは出してはいけないことになっています。理由は、逆構えの相手に対して上段を突くと潜られやすく、中段のカウンターを食らいやすいからです。

しかし、この場面においても、縦拳で上段を突くと、相手は中段に潜ることができません。つまり、自分のポイントになるか、最悪でも両者ポイント無しとなるのです。私は、このケースで中段のカウンターが得意な相手と戦う時ほど、縦拳で上段を突くべきだと思っています。そうすることで、相手の最も得意とする技を潰すことができるからです。

最も得意な技を潰されることによる精神的なダメージは大きいもので、たとえポイントにならなくても試合の主導権を得ることができます（**写真13ａｂ**）。

では、なぜ中段に潜れないのか。答えは簡単です。縦拳は脇が締まっていて肘が回らないから相手の反応が遅れ、結果として潜ることができないのです。

私は、空手で最高の突きは縦拳ではなく肘を回さずに突く正拳だと思っています。しかし、これは非常に難しく、選手レベルでできる者は少ないでしょう。縦拳の良いところは誰でも手軽にできるところです。

しかし、手軽にできる縦拳といえども突き詰めれば奥が深いものです。一言で縦拳といっても様々で、縦のスナップを使って拳頭部で突くもの、中指から小指までの付根部分で突くもの、それに加え、前述の呼吸を変えて突くことで様々な効果を期待できます。

私は、競技に使用する場合は縦のスナップを使って突くことをおすすめします。いわゆるハンマーで釘を打つように手首を縦に使います。これをＪＫＦａｎ２０１０年５月号で、ハンマーコック・ブローとして紹介しました。こうすることで拳先が走り、相手がさらに反応しにくくなります。試しにハンマーコック・ブローで突いてみてください。それだけで突きの命中率が上がるはずです。

写真13　縦拳で相手の得意技を封じる

互いに逆構えで、中段カウンターが得意な相手には、あえて上段へ縦拳で突くことをおすすめする。反応を鈍らせ、カウンターを封じることができれば有利な展開に持ち込める。

PARADOX 060

五感を利用する

① 触る

自分が突きたいところに相手の腕があって突けない。そんなことが良くあると思います。その時に、最も簡単にガードを取り除く方法が「触る」という行為です。たとえば、自分は上段を突きたいが相手の前拳が邪魔をして突くことができない。そんな時は、前拳を触れば良いのです。

しかし、ただ触れば良いというわけではありません。触り方というものがあるのです。それは動かしたい方向と反対側を触るということです。人間の持つ心理的な反発心を利用するのです。

突きの軌道上に腕があり、少し内側に動かしたい場合は、前拳を内から外に触ってみましょう。中段を突きたいので相手のガードを上げさせたい場合は、前拳を上から下に触ります。同様に、上段を突きたいのでガードを下げさせたい場合は下から上に。ガードを外に動かしたい場合は、外から内に触ります（**写真14a〜c**）。

しかし、ただ触っただけではガードは元に戻ってしまいます。効果的なのは、前述の要領で2度ほど相手の前拳を触り、3度目に触る振りをして突けば良いのです。

この感触を応用すると、相手の得意技を防ぐこともできます。人間というのは、どこかを触られるとしばらく余韻が残ります。その余韻を利用する方法です。たとえば、中段の逆突きカウンターが得意な選手のカウンターを封じる時、前足で相手の拳サポーターを蹴っておくのです（**写真15**）。

さほど強く蹴らなくても、蹴られた余韻はしばらく残ります。さらに蹴った時に相手が拳を引くようであれば万全です。そうなれば、蹴る振りをして突けば、相手のカウンターは一瞬遅れるので、こちらの突きが先に極まる確率が大きくなります。そのためには、蹴りも振り回してばかりでなく、ジャブのように速く細かく蹴る訓練をしておきましょう。

また、踏み込みの鋭い相手には、あらかじめ前脚のすねをタップして、触られた感覚を残しておくと良いでしょう。これは思い切りすねを蹴飛ばす必要はありません。サッと軽く払えば良いのです。目的は足を払って崩すことではなく、「触られた感覚」を残しておくことだからです（**写真16**）。

感覚が残っている間は、踏み込みが若干浅くなっているはずです。

②　見る

五感を使って相手の裏をかく方法に、視線があります。正直な選手は自分が突こうとする場所をあらかじめ攻撃の前に見てしまい、相手に読まれてしまうことがあります。そこを逆に利用するのです。

中段を突きたい時に、上段を突くつもりで最初に相手の顔を見て、突きの途中で中段に目を移す。相手の左に回り込みたい時に、一瞬反対側を見て動く。

もっと慣れてくると、突くぞ突くぞという顔をして牽制し、実際には攻撃をしない。攻撃しないという顔をして、いきなり攻撃する等、自分の意志と反する表情を作ることで相手の裏をかく方法があります。

まさに、「目は口ほどにものを言う」との言葉通り、目で相手に誤った情報を提供し裏をかくわけです。あまり、「ごまかす」とか、「騙す」という表現は教育上使いたくないので、ここは駆け引きと言わせていただきます。

相手にも目があり、自分を観ています。相手にも脳があり、いろいろと考えています。ならば、それをも利用すれば良いわけです。そのためには表現力が必要ですし、相手よりも深く考えることが必要になります。

写真 15　カウンターの得意な相手に

中段突きのカウンターが得意な相手なら、後ろの手の拳サポーターを軽く蹴ると感触が残り、カウンターを封じることができる。

写真 14　触る（外から内）

前拳を外から内に触ると、相手の意識は触られた外側に向く。そこへ内側から攻撃を仕掛ける。心理的な作戦だ。

写真 16　踏み込みが鋭い相手に

深い踏み込みを得意とする相手には、前脚のすねを軽くタップし、感触を残しておく。
その感触が残っているうちは若干、踏み込みが浅くなるので、ここから勝機を見出そう。

PARADOX 061

下から刻む

ボクシングに、フリッカージャブというものがあります。ガードを下げたところから腕をしならせて打つジャブのことです。空手ではこのような突き方ではポイントになりませんが、このフリッカージャブは大いに参考になる点があります。

それは、斜め下から打つという点です。特に刻み突きの場合、斜め下から突くと成功率が格段に上がります。実際、相手に左右に避けてもらい、２種類の突きを試してみましょう。ひとつ目は真っすぐ突いてみましょう。相手は、簡単に避けることができるはずです。次に斜め下から突いてみます。すると相手は避けることができず、面白いように突きが極まることと思います（**写真17ａｂ**）。

しかし、この方法は、実際にガードを下げなくても、イメージするだけで十分な効果があります。実際には真っすぐ突きますが、斜め下から突くように強くイメージするのです。このイメージを持つだけで、実際に斜め下から突くのと同じ効果があります。

もちろん、逆突きの場合も斜め下から突くことで同様の効果はありますが、逆突きだとガードに当たってしまい、なかなかうまく行きません。しかし、イメージであれば実際には真っすぐ突いているわけですから、ガードに当たらず突くことができます。

相手と逆体の時に、この斜め下から突くイメージで上段を突いてみると面白いと思います。前述の縦拳と共に、このイメージを持つことで、さらに命中率が上がるはずです。

写真17　下から上へ刻む

刻み突きは斜め下から打つと、成功率が上がる。実際に真っすぐ突く場合にも、「下から上へ」というイメージを持つだけで効果あり！

PARADOX 062

気で相手を浮かせる

この見出しで、既に拒否反応を起こしている人は少なくないと思います。私自身もこれが気というものなのか、それとも一定の動きをすると反応できないといった本能的なものなのか、どちらなのかわかりません。しかし、これを行なうと確実に相手は反撃できずに固まるのです。そして、過去にこれを使ってきた選手が実際にいます。私の場合、イメージで組手を構築することが多いので、説明するのに「気」と表現すると非常に便利なのです。ですから、あまり気という言葉に過剰反応せず、気楽に試してみてください。

では、どのように相手の気を上げるかを説明しましょう。まず、両者対峙して構えた時、両手で下から上に煽るようにします。この時、息は吐いた方が良いでしょう。手だけでなく、股関節も使い相手を持ち上げるようなイメージで煽（あお）ってください（**写真18ａｂ**）。煽りながら、つまり下から相手を持ち上げるように上段を突けば、相手は反撃ができず身体も浮いてしまいます。私が提唱していた高速上段突きなどは、まさに気を浮かせて突くので、極まる確率が非常に高かったのです。

この時に気を付けなければいけないのは、両手を下げてから上げないようにすることです（**写真19ｂ**）。あくまでも構えたところから上に煽ります。この時、股関節を柔らかく使い、自分のへソで相手のへソを持ち上げるように入るとさらに効果が上がるでしょう。

慣れてくると、下から上に煽った時に、相手の気が浮いたことが感じられるようになります。気が浮いたと感じた時に攻撃すると、面白いように突きが極まります。私は、このヘソで相手を浮かす方法として、太い棒を下腹に当てて感覚をつかませています（**写真20**）。うまく股関節の力が抜けてタイミングが合うと、びっくりするくらい相手の身体を浮かせることができます。棒でコツをつかみ、このイメージに加えて両手で下から上に煽れば良いのです。

写真18　相手の気を浮かせる

手と股関節を使い、相手を持ち上げるようなイメージで煽る。

写真20　棒でイメージを

下腹に棒を当て、相手を浮かす感じをつかむ。
このイメージを持って組手でも実践してみよう。

写真19　悪い例

いったんガードを下げてから
（19b）突かないように……。

PARADOX 063

後ろ足で刻み突きを防ぐ

長身の相手の刻み突きがどうしても受けられず、わかっていても食らってしまう。こんな経験はありませんか。どんなに相手の得意技を意識していても食らってしまう。だからといって間を遠くすると自分の攻撃も届かなくなる。勇気を出して近づくとまた刻み突きを食らってしまう（**写真21b**）。

まさにこんな時の解決法が、形に含まれているのです。空手にはなぜ形が存在し、稽古しなければいけないのか。技を作るだけでなく、形にはシチュエーションに応じた対処法が含まれています。

では前記の場合、どのように対処すれば良いでしょうか。答えは簡単です。構えも間も変える必要はありません。ただ、後ろ足を数センチずらし、横幅を狭くして立てば良いのです（**写真22a**）。

「それだけで、なんで刻み突きが防げるのだろう?」と、みなさん疑問に思うでしょうね。とりあえず、試してみてください。そして相手が刻み突きを出した瞬間、中段のカウンターを出してみましょう。相当の高確率で自分のポイントになるはずです。

理由は簡単なのです。普通に立ってカウンターを出すと、真っすぐ踏み込めば身体は真っすぐ相手の方向に進んでいきます。しかし、縦に狭い立ち方を取ると、前足が真っすぐに踏み込んでも身体は微妙に相手の突きの軌道から外れるのです（写真22b）。
　余談になりますが、競技空手はもっと立ち方や構えの研究がなされるべきだと思います。競技空手の草創期に剣道の理念を借りて確立・発展を遂げてきた空手道ですが、そろそろ本来の空手道の技を掘り下げ、借り物でない独自の理念の確立が必要な時期に来ているのではないかと思っています。

写真 21　通常の立ち方

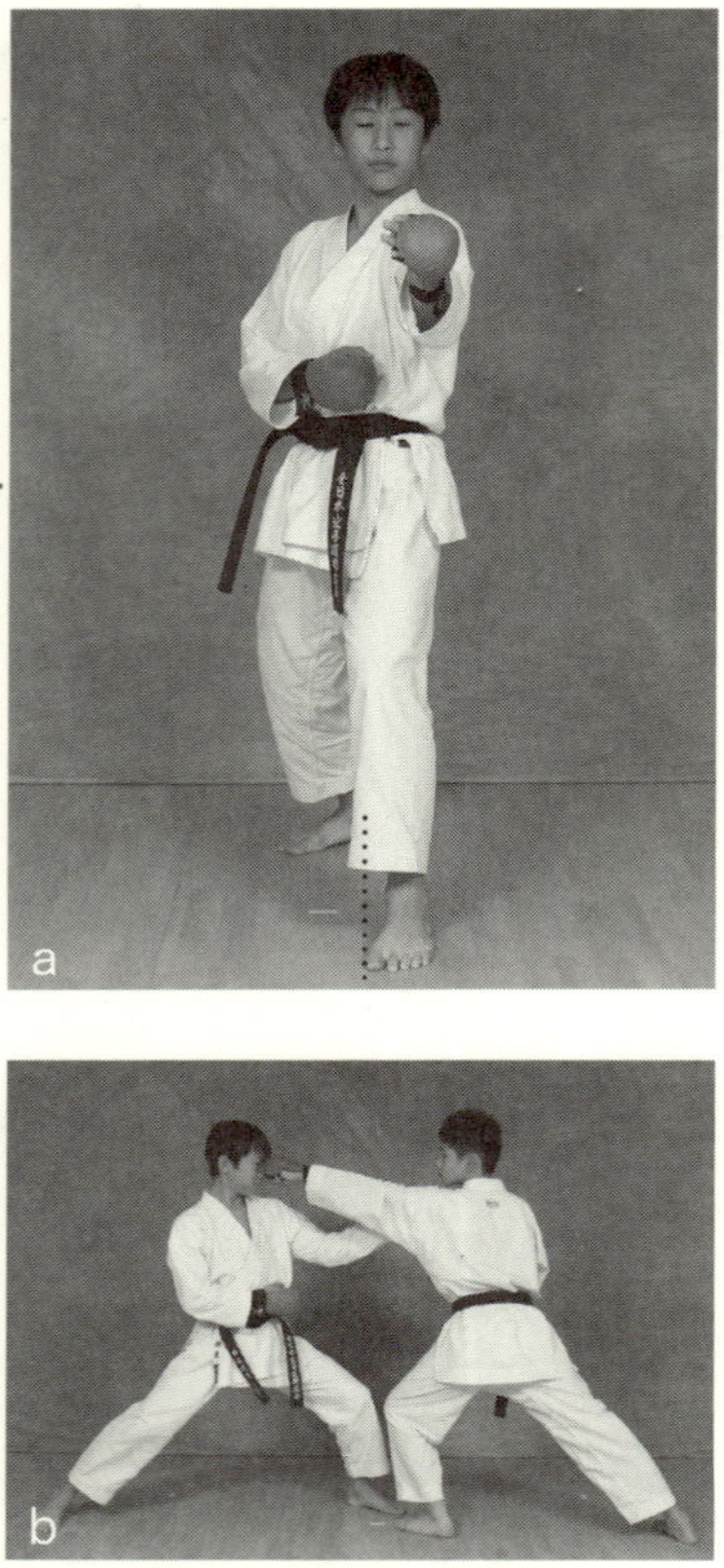

相手の得意技は刻み突きだとわかっているのに食らってしまう……。

写真 22　刻み突きを防ぐ

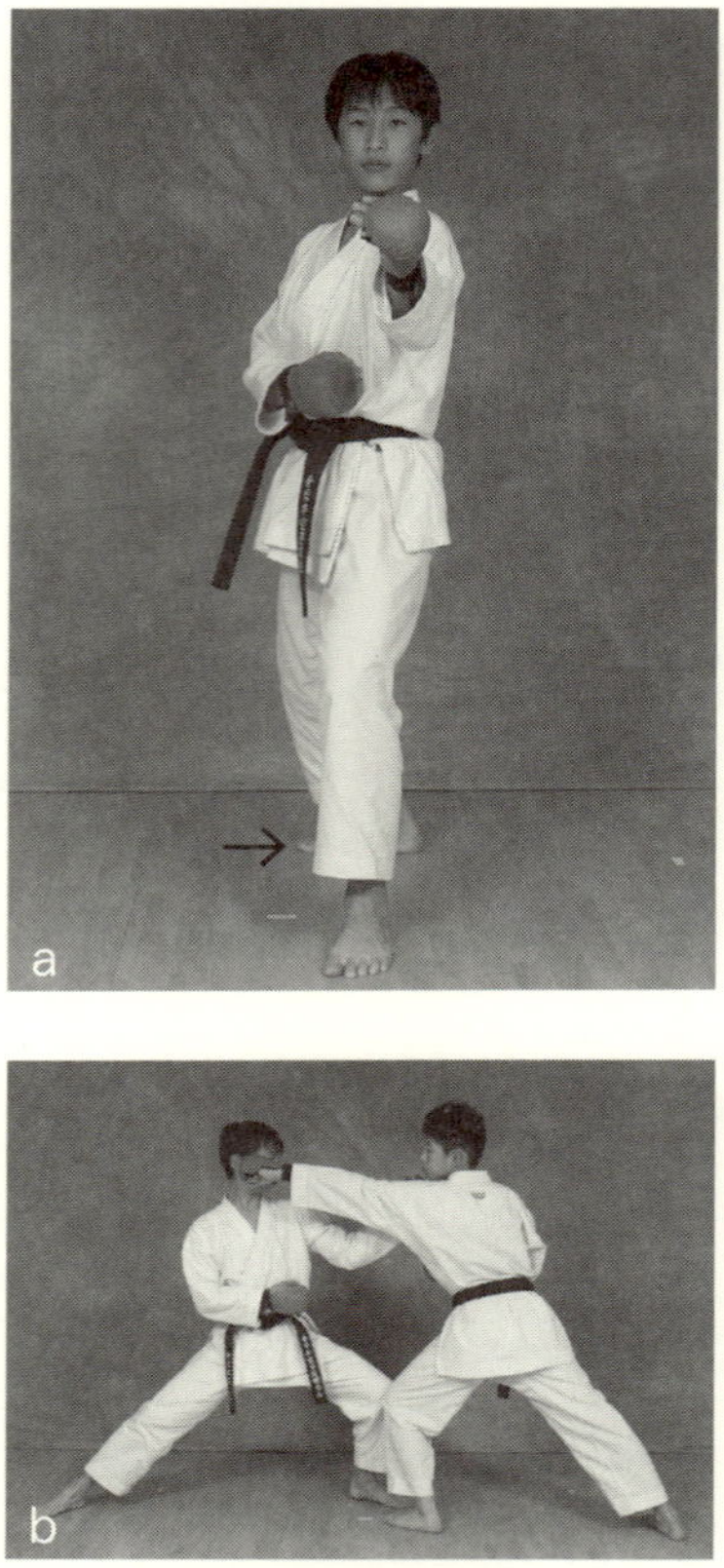

22a のように、後ろ足をずらし、狭いスタンスにしてみよう。この構えからであれば、真っすぐ入っても、身体が相手の刻み突きの軌道から外れる。

③ポジショニングのマジック

さて、間という言葉は、世界で最も短い単語でありながら世界で最も意味が深く、説明しようとすれば何万語を費やしても全部を説明できるかわからないほど、奥の深い言葉です。私も間について説明せよと言われたら、とても全部を説明できる能力はありません。

PARADOX 064

３次元で間をとらえる

間について、現時点でわかる範囲で説明をさせてもらえば、間というものを距離とタイミングに分けた時、距離に関しては、自分と相手の相対関係を３次元でとらえなければならないことを強調したいと思います。自分と相手の単純な縦の距離だけでなく、横や上下も含めた総合的な判断が必要だということです。

具体的な例を挙げるとこんな場面です。自分の突きが極まらず相手の突きは極まる。縦の距離だけを考えてもまったく効果がない。そんな時、立ち位置を、または片方の足を横に数センチ移動したら、今度は面白いように自分の突きが極まりだした。これは横の間合いも考慮した結果、相手に有利だった間が、自分に有利な間になった例です。

もう一つは、上下の間合いの例です。どうしても自分の上段突きが極まらない。そんな時に、中段突きを出したら距離がピタリと合った。すると、不思議なことに上段を突いても距離が合うようになった、なんてこともあります。

このように、距離は縦のみでなく、縦横上下そして前後の相対関係なのです。私は、選手間の相性もこの３次元の距離が大きく関係しているのではないかと思っています。これにタイミングも含め、いわゆる間が合うか合わないかで相性の良し悪しが決まるのです。

PARADOX 065

相手のセンサーを作動させない

選手が相手との距離を計る時、決して目だけで計っているのではありません。身体の特定の部分で感じることで、間を計っています。そうすると、選手によって最も感性の高い部位が存在し、その技で距離を合わせていることがわかってきます。

ボクシングでは、相手への牽制と間を計る意味で、ジャブを多く出すことが奨励されます。空手ではこのジャブという特定の技で間を計るのではなく、自分の身体に点在するセンサーを作動させ、間を計ります。その中で、タイプがいくつかに分類されます。

1. 刻み突きで間を合わせる
2. 逆突きで間を合わせる

これに加え、次の要素が加わります。

a. 上段で間を合わせる
b. 中段で間を合わせる

これを複合し、下記の３タイプに分けられます。

①　１ａ　　②　２ａ　　③　２ｂ

さすがに、刻み突きで中段を多用する選手はいないので、「１ｂ」は省いています。
たとえば、刻み突きで間を計るタイプの選手の場合、刻み突きを封じるとその他の技も極まらなくなり、すべてを封じることができます。中段逆突きで間を計る選手のそれを封じると、面白いことに刻み突きも間が合わなくなり、極まらなくなります。それを構えや立ち位置、いわゆるポジショニングで封じれば良いのです。

ただし、相手のセンサーを封じるには、自分のセンサーの感度をより磨いて、相手のメインセンサーがどこかを探り出さなければなりません。

これは極端な例ですが、私が過去に選手に出した指示です。
「刻み突きは無視して良い。相手の中段の軌道上に自分の手を置いて、中段突きを徹底的に防ぎなさい。中段突きが極まらなければ刻み突きも蹴りも間が合わないから、他は警戒する必要はない」

まれに複数のセンサーが高感度で、こっちがダメならあっちという選手が存在しますが、そういう選手がいわゆる一流選手です。いずれにしても、感じる力を磨けばこのように間を制することができるということです。

PARADOX 066

ゾーンという概念

　さて、いよいよここからがメインとなる内容です。ポジショニングを考えるにおいて、床に線を引いてみると大変分かりやすいと思います。公共の体育館などは、あらかじめバスケットやバレーボールのためのラインが引いてあるので、そこに立ってポジショニングを考えれば良いと思います。

　まず、縦のラインをまたいで立ってみましょう。そして、自分の身体の左側と右側のふたつを割って、左右のゾーンで話を進めて行きましょう。

　このゾーンの概念で突き・蹴り・足払い・投げを考えていくと、信じられないほどの効果があります。ほんの少しの力で相手を簡単に制することができるようになるからです。この中で、すべての基本となるのは既に第4章で説明した撞木立ち（撞木足）です。この撞木という立ち方は、私は魔法の立ち方だと考えます。ありとあらゆる問題が、この撞木立ちを取ることで解決してしまうのです。

「攻撃の基本は、ゾーンを乗り換えること」――このように断言しても良いでしょう。構えた時は床に引いた1本の線をまたぐ、または線上に立っています。そこから、相手に接近する時にゾーンを乗り換えるのです。すべての攻撃は基本的に同じ運足を取るので、原則的にはふたつだけ覚えておけば良いです。つまり、公式を覚えておけば、そこに数字を当てはめるだけで答えが出る。それと同じことですから、あまり難しく考えないでください。

ゾーンの乗り換え方は、基本的には**図1**と**図2**の2種類で大丈夫です。しかし、ここで絶対必要条件があります。必ず軸足股関節の外旋を伴ってゾーンを乗り換えるということです。ここだけは、絶対に忘れずに練習してください。

まず、スウィッチ（脚の入れ替え）をせずに攻撃する時は、**写真23ａｂ**のようにしてください。後ろ足で床を蹴るのではなく、股関節の外旋で軸足の位置を乗り換えます。前足はあくまでも真っすぐに相手に向かって進むようにします。前足を外に進ませると相手から見て身体が開く形となり、隙が生じます。

後ろ足から前に出る時、または脚をスウィッチする時は、**写真24ａｂ**のように前脚の股関節を外旋させます。相手が遠くにおり、いっきに間を詰めたい時は前脚をスライドさせながら股関節の外旋を行ない、かかとから着地してゾーンを乗り換えた後、後ろ足を前に進めてください（**写真24ｃ**）。

突き・蹴り・足払い・蹴り等すべての攻撃は、この2種類の運足を原則としてゾーンを乗り換えるだけでいいのです。

写真23　スウィッチせずに攻撃

前足は真っすぐ相手に向かって進み、軸足は股関節を外旋させてゾーンを乗り換える。

図1

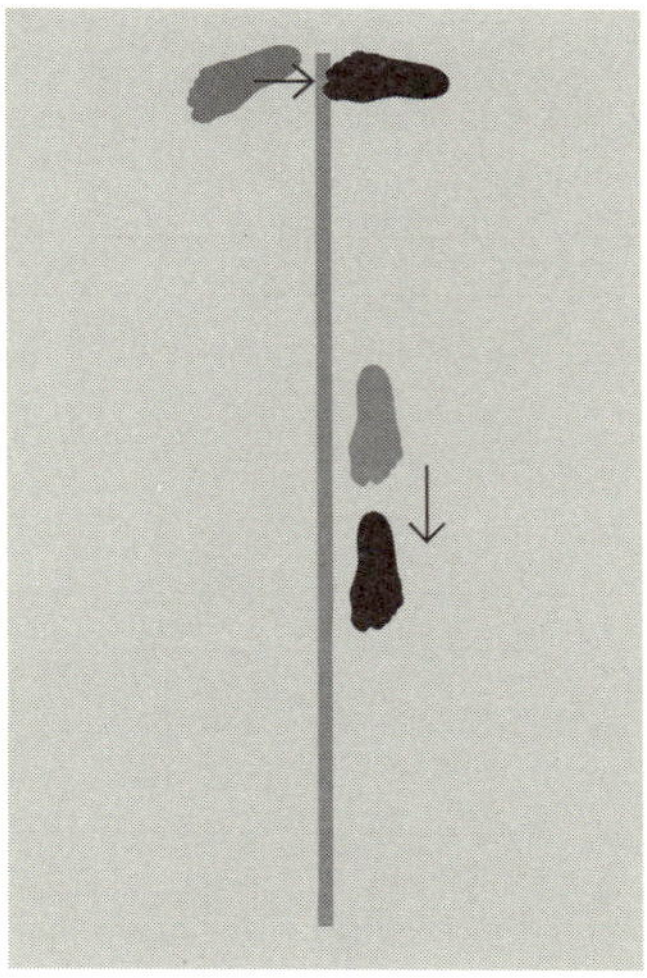

後ろ脚を外旋させてゾーンを乗り換えるパターン。
構えは変わらない。

図2

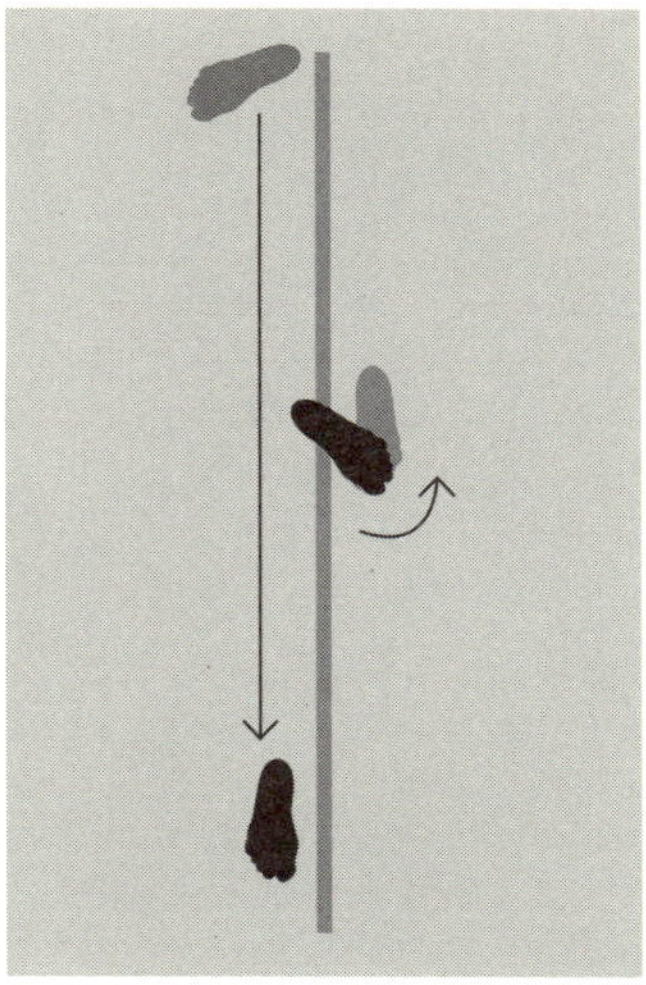

前脚を外旋し、後ろ足を進めて、スウィッチするパターン。
構えが変わる（スウィッチする）。

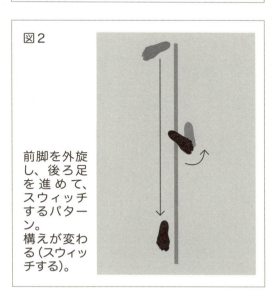

写真24　前脚の股関節を外旋

ゾーンを乗り換えつつ、股関節を外旋し（24b）いっきに後ろ足を前に進める。

PARADOX 067

指1本で簡単に崩せる！

さて、それではこの「ゾーンの乗り換え」をするとどのような効果があるのかを説明しましょう。最初にペアを作ります。互いに向き合い、縦の線をまたぐように立ってください。そして、前手の掌で胸を押し合ってください（写真25）。どちらが勝つにしても、相当な力が必要だったのではないでしょうか。

次に、片方が後ろ足を少し内側にずらして、つま先も少々開いてください（写真26ａｂ）。すると、こんどは人差し指1本で相手の胸を押すだけで、簡単に崩すことができます（写真27）。このように角度をほんの少し変えるだけで人間は簡単に崩れてしまうものなのです。刻み突きはこの要領で突けば、相打ちとなっても当たり負けはしません。

では、逆突きはどうでしょうか。互いに中段の逆突きをして押し合ってみてください。よほどの体力差がない限り、押し勝つことはできないでしょう。しかし、写真26ｂの立ち方を取り、押し合ってみるとやはり簡単に相手を押すことができます。

しかし、逆突きでこの立ち方を取った場合、ひとつの問題点が生じます。突きが短くなってしまうのです（写真28ａｂ）。でも心配は無用です。ちゃんと解決方法があるのです。それは前足のつま先を少し内側（20～30度程度）に向けることです。それだけで突きが10㎝程長くなります（写真28ｃ）。つま先を内側に向けることは他にも絶大な効果があります。それは、相構えで逆突きを出した場合、半身で構えている相手の中段を突くと、突きは流れてしまいがちです。そこをつま先を内側に向けることで、突きが流れなくなるのです。ただし、この場合膝を中に入れすぎると膝を痛める原因となりますから、注意してください。

写真25　掌で押し合う

写真26　ゾーンの乗り換え

元々の立ち方（26a）から、後ろ足を内側にずらし、そのつま先を少し開く（26b）。

写真 27　ゾーン乗り換え後の押し合い

26b のようにゾーンを乗り換えると、小さな力で相手を崩せるようになる。僅かな角度の違いが、これほど大きな差を生む。

写真 28　中段突きの場合

26b のポジションで中段逆突きをすると技が短くなってしまう（28b）。しかし、前足のつま先を少し内側に向けることで解決できる（28c）。

PARADOX 068

真っすぐ入っても突きを食らわない!?

「ゾーンの乗り換え」のメリットは、ほんの少しの力で相手を崩せることだけではありません。真っすぐ入るにもかかわらず、相手の突きを食らうことがないのです。

まず、前項で行なったように、ペアで対峙し、線をまたいで構えます。そこで、一人が相手の顔に向けて刻み突きを出してください。そこから、前出の運足で間を詰めてみましょう。あくまでも前足は真っすぐに入ってください。前足は真っすぐに進み、後ろ足はゾーンを乗り換えて前足の後ろに持ってきます（**写真29ａｂ**）。すると、自分は真っすぐに入っているのに、相手の突きは抜けて行き、自分に当たりません（**写真30ａｂ**）。

ゾーンという概念を持って、あとは通常通り突くだけで、相手を簡単に崩すことができて、しかも相手の突きを食らわない。こんな欲張りなことが実際にできるのが空手の凄いところだと思います。このような運足は、形を細かに学んだ者にとっては目新しいものではありません。形というのは、このように力学的に相手より優位に立つようにできているのです。

「形は使えない」という人がいますが、正確には形は使えないのではなく、「形の使い方を知らない」のだと思います。

写真 29　刻み突きの運足

前足は真っすぐ進め、後ろ足はゾーンを乗り換えて前足の後ろに持ってくる。

写真 30　相手の刻み突きは抜けるが…

写真 29ab の運足で刻み突きをすれば、相手の突きは抜け、自分の突きは入る。

PARADOX 069

ガードをすり抜ける突き⁉

このゾーンの乗り換えは、まだまだ魔法のような技を可能にします。ガードをすり抜けて相手の顔面を突くことができるのです。

互いに対峙し、構えてください。その時に、一方は相手の上段突きが自分の顔に当たらないような位置に前拳を構えます。ここへ普通に踏み込めば、突きは相手の腕に当たってしまいます（**写真31**）。

しかし、既に説明した運足で、股関節を外旋させて突くだけで、相手のガードに当たらず上段を突くことができます（**写真32ａｂ**）。まさに一石三鳥にも四鳥にもなるのが、この運足の特徴です。

では、刻み突きの時はどうでしょうか。これもまったく同じで良いのです。そのまま軸足で床を蹴って突くとガードに当たってしまいます。しかし、軸足股関節を外旋させて突くとガードをすり抜けて相手の上段を突くことができます（**写真33ａｂ**）。

俗に言う「線を外す」というのは、身体全体を外す必要はありません。軸足を少しずらすだけで十分なのです。それを股関節の外旋を伴って行なえば、理想的な角度で攻撃できるのです。

写真 31　相手のガードが邪魔

ガードが固い相手に対し、普通に突いても前拳に阻まれてしまう。

写真 33　ゾーンを乗り換えて刻み突き

写真 32　ゾーンを乗り換えて追い突き

PARADOX 070

回し蹴りは回さない

ここで蹴り方を説明しましょう。と言っても、ゾーンの乗り換えは突きとまったく同じです。股関節の外旋でゾーンを乗り換えれば良いのです。ただし、蹴り方が通常の蹴りとは少々異なります。回し蹴りを例にとると、振り回さず、真っすぐに脚を放り投げるように蹴ります。つまり、「回さない回し蹴り」です。

ただし、裏回し蹴りの場合はゾーンを乗り換えても良いのですが、どちらかというと乗り換えずに蹴る方が良いでしょう。

回し蹴りの時にゾーンを乗り換えると、相手の背中を蹴りやすくなります。ゾーンを乗り換えずに蹴ると相手の腕に当たってしまう場合も（**写真34**）、ゾーンを乗り換えると蹴りが腕に当たらずに相手の背中を蹴ることができます（**写真35**）。

さて、この直線的に放り投げる蹴りには、あるコツがあります。最初に脚を目いっぱいたたみ、その後に目いっぱい伸ばすことです（**写真36**）。脚をたたむことでカウンターを防ぎ、そこから最短距離で足を目標まで飛ばすことができます。

この時、股関節の外旋だけでなく背筋で蹴るようなイメージを持つと、足が加速し、鋭い蹴りとなります。

写真 36　放り投げる蹴り

脚を目いっぱいたたみ、そして伸ばす。

写真 34　ゾーンを乗り換えない蹴り

写真 35　ゾーンを乗り換えて蹴り

PARADOX 071

足払いは払わない

さて、今度は足払いを説明しましょう。ゾーンの乗り換えはもう何度も説明しているように、どんな技でも原則は同じです。股関節の外旋でゾーンを乗り換えます。そして、足払いの時に注意すべき点があります。足払いは、自分の足を振り回して強く払わないことです。強く払うと、失敗した時に自分が回転してしまい、隙が生じるだけでなく、相手にケガをさせてしまうことがあるかもしれません。

ではどうするかというと、相手の脚を擦れば良いのです。なぜならば、擦ることで接触している時間を増やして、力が作用している時間を長くできるからです。そのためには、**写真37ａｂ**のように払うと良いでしょう。

また、足を払う時にはカウンターに十分に気をつけなければなりません。無造作に相手に近寄ってしまえば、簡単にカウンターを食らってしまいます。足払いの時は、これまで他の章で再三にわたり説明してきたように、半後屈立ちか四股立ちを取り、前足を放り投げるように入ります（**写真38**）。そうすることで、自分の身体を相手から遠ざけることができるのです。

ゾーンを乗り換えないで足を払うと、相手を崩すのに力が要りますが、ゾーンを乗り換えると相手はあっけなく崩れてしまいます。また、前足を放り投げた時点で後屈立ちとなって、相手から自分の身体を遠ざけると同時に、ゾーンを乗り換えることで線を外しています。二重に相手の反撃を防ぐ効果もあるのです。

ここでの注意点は、突きと同様に股関節を十分に外旋させることです。足払いの瞬間は軸足のつま先ができるだけ後ろを向いていることが望ましいでしょう。前足で払う場合は、**写真39**の要領で。後ろ足で払う場合は**写真40**の要領で払ってください。

写真37　擦る足払い

写真38　前足を放り投げる

写真 39　前足で払う

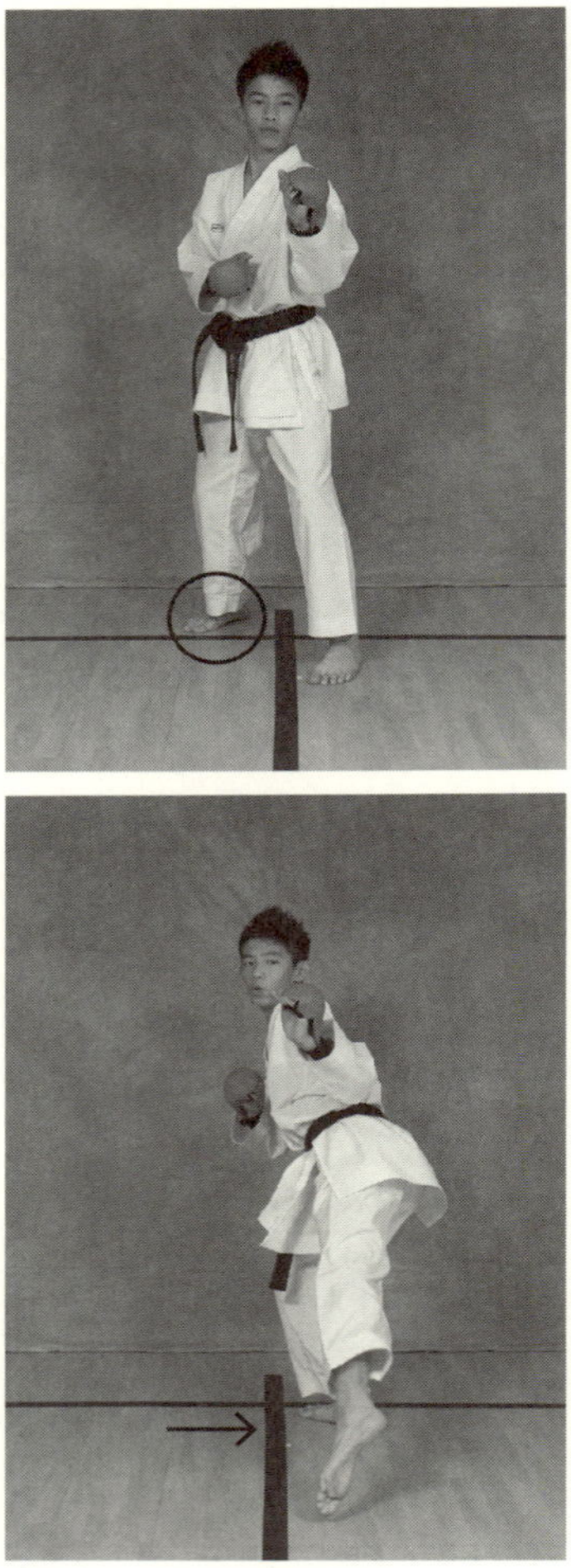

写真 40　後ろ足で払う

PARADOX 072

投げは自分が回れ!

最後は投げです。私がいつも思うのは、空手の選手が投げを使うと、軸足が逆になり、股関節を内旋させて投げる者が多いということです。相手から遠い方の足を軸にして投げる場合は、よほどの体力差がない限り、相手にぶつかるくらい中に入らないと、投げることは難しいはずです(**写真41**)。

また、投げは自分が軸になって相手を動かすよりも、相手を軸にして自分が動いた方が楽です(**イラスト1**)。自分が相手の周りを動くことで自然に崩しているからです。投げて崩すことは難しいのですが、崩してから投げるのは簡単です。まず、どうすれば相手を不安定な体勢にできるか、工夫が必要でしょう。

また、ただ引くだけでは相手は崩せません。引くと同時に相手の中心に向かって自分の身体を入れる、つまり押すことが重要です。

さて、私は相手を回さずに自分が回ると書きましたが、実際には回らずともほんの少し角度をずらすだけで十分です。では、どのように角度をずらすかというと、これまでとまったく同じで、ゾーンを乗り換えれば良いのです。

全力で投げようとしても微動だにしない相手も、後ろ足を少しずらしながら四股立ちになり、股関節を外旋させ、両手をらせん状に回すと楽に投げることができます(**写真42**)。

股関節の外旋と手をらせん状に回すタイミングが合えば、両手の人差し指だけで相手を投げることができるようになります（**写真43**）。

突きの場合も人差し指で相手の胸を押して簡単に崩せたわけですから（207ページ）、同様の原理を用い、人差し指で投げても何の不思議もありません。

写真41　空手選手に見られる投げ

相手から遠い右脚を軸にして投げようとしている。
この場合は相手にぶつかるくらい中に入らないといけない。

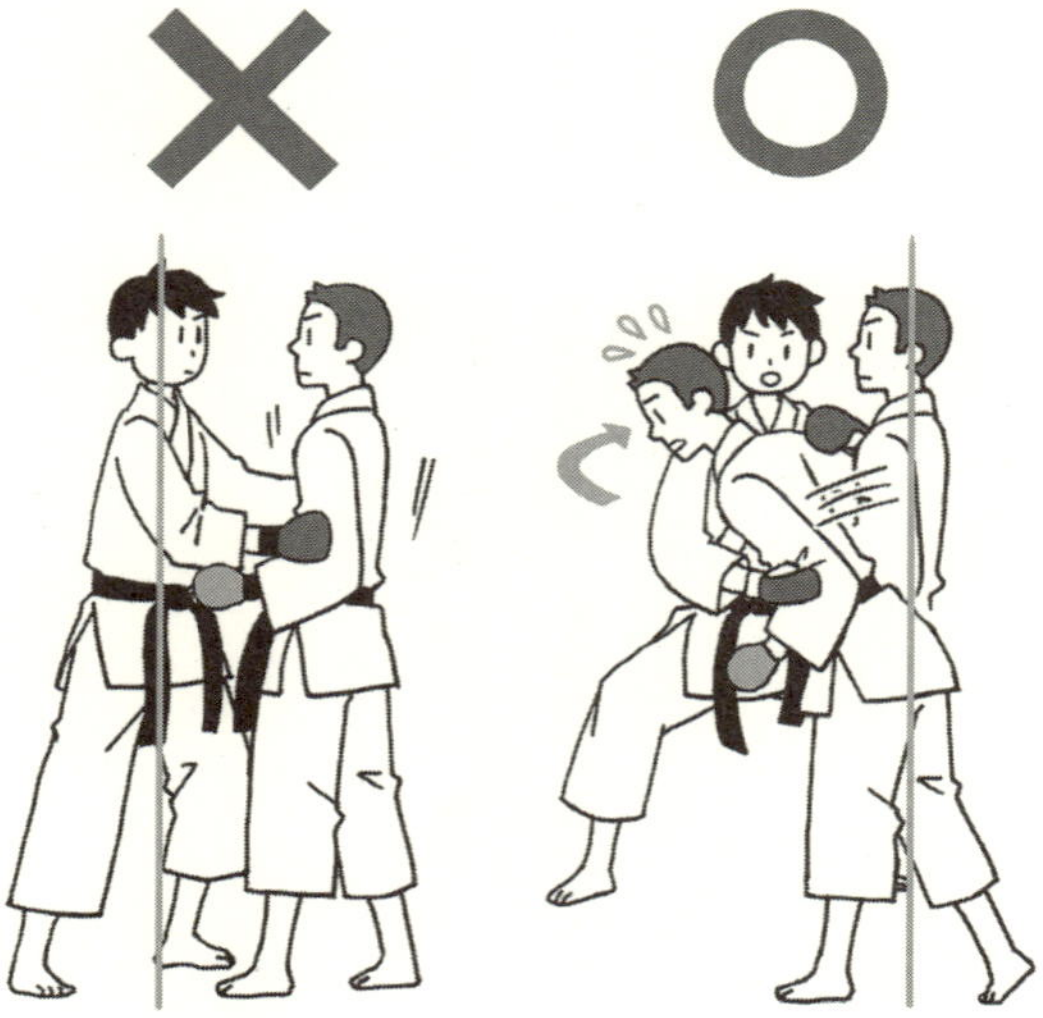

イラスト１
相手を軸にして自分が回れば、より簡単に投げられる

写真 42　四股立ちで投げる

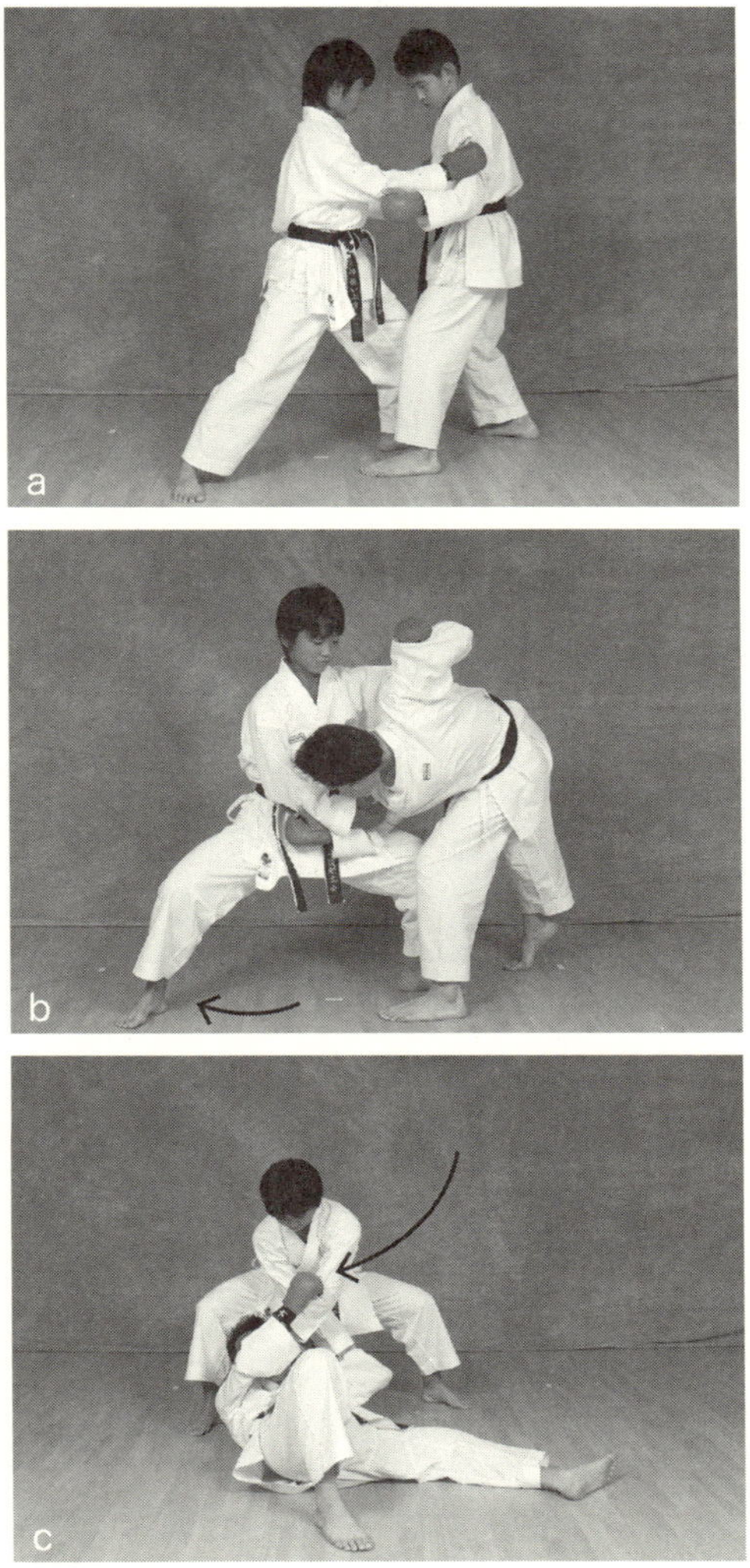

後ろ足を少しずらしながら四股立ちになり、股関節を外旋させ、両手を回す。

写真 43　指１本で投げられる

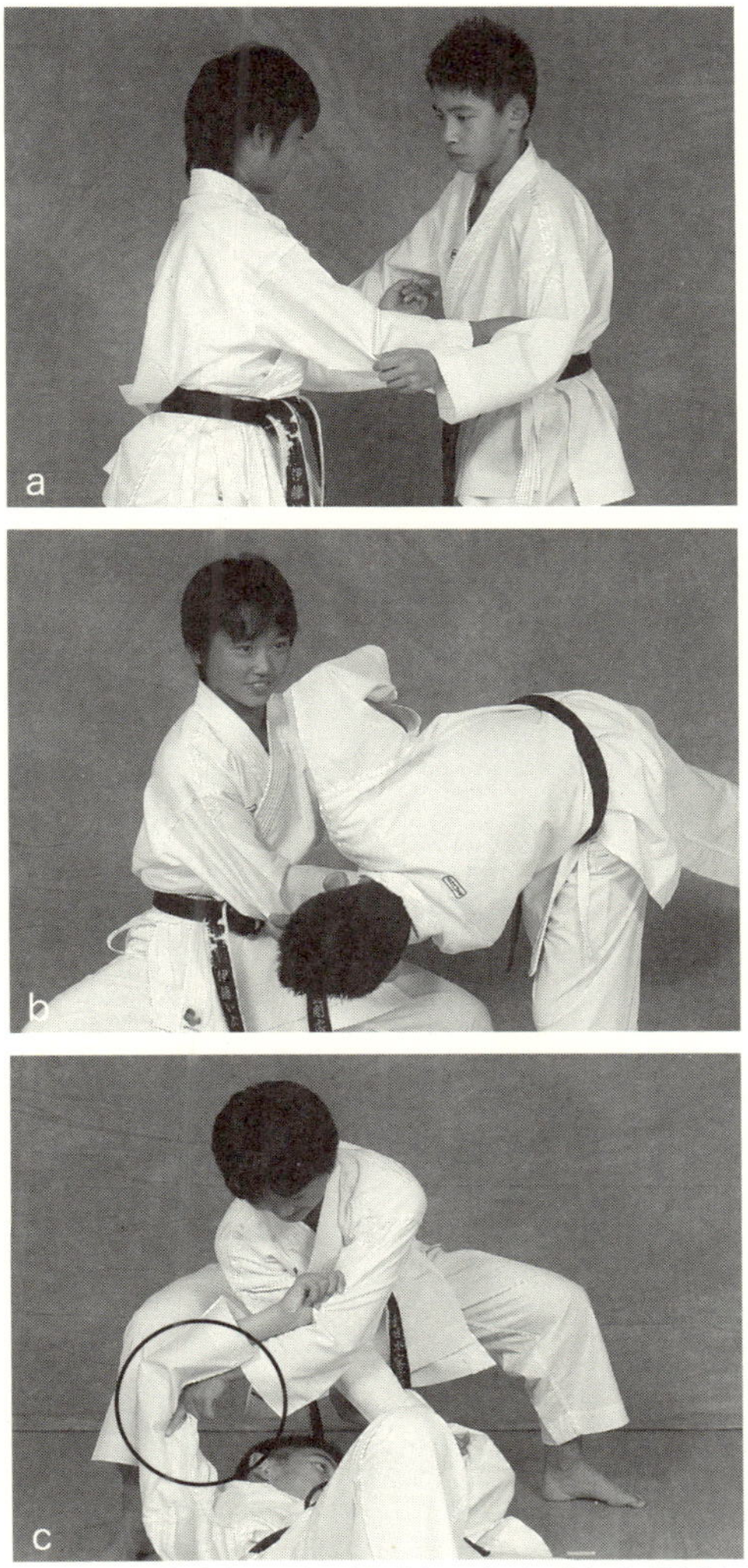

タイミングが合えば、相手をつかまずとも投げられる！

あとがき

AFTERWORD

実は原稿を書き終えて出版間近という段階になり、悩みがあります。

いったん書き終えた原稿なのに、その後にまだ書くことがドンドン頭に浮かんできて、書きたいことが山ほど増えてしまったのです。私は、感覚で生きている人間なので、何かが浮かんだ時にメモをしておくという習慣がありません。もし書き留めていたら、もう1冊同時に発刊できたかもしれません。さすがにそれは冗談ですが、やはり日々発見の連続で、この段階に来ても、「この状態で発刊しても良いのだろうか」と悩んでいます。それらは、いずれ第二弾として皆さんに読んでもらおうと思います。

話は変わりますが、世に「空手道」「空手術」という言葉はあっても、「空手学」という言葉は聞きません。それは生身の人間が行なうものなので、心理学、哲学、力学、運動生理学、解剖学と、様々な「学」を統合し、相互間の影響を考慮しなければ「空手学」として成り立たないからだと思います。しかし、いつの日か「空手学」なるものが確立され、学術的に研究されるようになったら、どんなに素晴らしいことかと思わずにいられません。

私は、生涯の目標があります。いつの日か、自分のこれまでの経験を活かし、空手道競技の定石（セオリー）を編纂することです。まえがきでも書きましたが、私の相手心理の読み方は野球で培われました。人間というものは、ある攻め方をするとわかっていても手が出ない場合があります。野球に限らず、人間である限り思考には一定の法則があり、その法則の裏をかけば高い確率で相手を制することができるはずです。

野球には、分厚いセオリーがあります。ルールも競技の中で最も複雑です。バントだけでも何種類のバントがあるか、盗塁だけでも何種類の盗塁があるか。

対して、空手には何種類の中段逆突きがありますか。実は、いろいろとあるのです。それは、まず突くタイミングです。手先を飛ばすのか、手足同時に出すのか、それとも時間差で突きを遅らせるのか。加えてスピードの変化、縦拳か正拳か、踏み込みの深さ、入る角度、どこを見て突くか等、一つの技でもこれらを複合的に考慮すればそれこそ何十というパターンが生まれるはずです。

いつの日か、身体操作や人間の心理をすべて取り入れた定石を作れたらと思っています。


この本を発刊するにあたり、私の最大の理解者であり応援者であり、そして恩人でもある株式会社チャンプの井出将周社長、いつもネタを提供してくれる「空手道マガジン月刊ＪＫＦａｎ」の若き編集長松下尚道さん、私の優秀な空手の弟子でありこの本の編集を寝る間を惜しんで担当してくれた小日向藍菜さん、私の小うるさい理論を会社で聞きながら、内心やかましいと思いつつも、何かあれば協力を惜しまないチャンプスタッフの皆さん。

何よりも、私が空手を始めた時から今まで、そしてこれからもご指導をいただく恩師であり、私を組織に縛ることなく、勝手なわがままをすべて許していただいた全日本空手道剛柔会　山口剛史会長。その他ここには書ききれないほど多くの先生方のおかげで、このたびの発刊にこぎつけることができましたことをここに厚く御礼申し上げます。

2013年3月

月井　新

著者・撮影モデル

AUTHER & Special thanks

著者　　月井　新

1960年1月1日生まれ。

1985年から1995年までニジール共和国、フィリピン、ブルネイのナショナルチームコーチを歴任。

1991年AUKO（現AKF、アジア空手道連盟）審判資格取得。

2003年より空手道マガジン月刊JKFanに執筆活動を続けている。DVD『競技の達人』シリーズ（株式会社チャンプ）を監修。

日本スポーツマスターズ2002空手道競技男子形40～49才の部優勝。

現在、全日本空手道剛柔会副理事長
全日本空手道連盟全国組手審判員
日本体育協会公認コーチ

ワールドカラテアカデミー代表
http://www.wkakarate.jp/
《空手用品代理店》Budo Sports Pro-shop 代表
http://bsp-shop.jp/

撮影モデル

山口　健太

渡辺　慧

伊藤　いぶき

渡辺　航

渡辺　観

神尾　武志

高島　夏樹

スチール撮影　　井上　英祐

競技の達人的パラドックス

2013年4月3日　第1刷発行

著　者　　月井　新

発行者　　井出将周

発行所　　株式会社チャンプ
〒166-0003　東京都杉並区高円寺南4-19-3
総和第二ビル2階
販売部　03（3315）3190
編集部　03（3315）5051

印　刷　　シナノ印刷株式会社

ISBN　978-4-86344-008-1